ROE
분석

고미야 가즈요시 지음
오연정 옮김

ROE 분석

ROE

이 기업은 얼마나 투자해 얼마나 버는 걸까?

이콘

"ROE란 무엇입니까"

부하직원이나 후배에게 이런 질문을 받았을 때, 당신은 제대로 설명할 수 있습니까?

평소 열심히 공부하는 독자 중에는 '자기자본이익률'이라고 답할 사람이 있을지도 모르겠네요. 그렇다면 다음 질문은 어떨까요?

"어떤 기업이 'ROE를 높이기 위해 자사주를 매입했다'는 신문기사를 최근 들어 자주 접합니다. 기업이 자사주를 매입하면 어째서 ROE가 높아지는 걸까요?"

"ROE와 아주 유사한 지표로 ROA란 것이 있습니다. 이 두 가지는 무엇이 다르고, 어느 쪽이 더 중요한가요?"

이렇게 물으면, 말문이 막혀버리는 사람이 대부분이지 않을까요?(참고로, 두 번째 질문에 대한 제 대답은 'ROA가 더 중요하다'입니다. 이 책의 제2장에서 그 이유를 상세히 설명합니다).

최근에 많은 경영자와 투자자들이 ROE라는 지표에 주목하고 있습니다. 이 때문에 덩달아 경제신문이나 비즈니스 잡지에서도 많이 보입니다(어째서 지금, ROE가 이토록 주목받는지에 대해서도 제2장에서 설명합니다).

어째서, 부장이 되기 전에 '경영지표'를 공부해야 하는가?

ROE는 이른바 **'경영지표'**라 불리는 것 중 한 가지입니다. 부장급이 되어 임원이 참석하는 회의 등에 들어가면, ROE를 비롯한 경영지표에 관한 이야기가 나옵니다. 그때, 'ROE가 뭐지?'라며 당황해서는 대화가 불가능합니다. 거기서 "아뿔싸······"하며 후회해봤자 늦습니다. 이 책에서 소개하는 수준의 지표는 가급적 빨리, **늦어도 과장급이 되면 우선적으로 공부해야 한다**고 생각합니다.

"회계, 재무부서라면 모를까, 일반 업무라면 ROE가 뭔지 몰라도 아무런 문제가 없습니다." 이렇게 말하는 사람들도 있을지 모릅니다. 하지만 앞으로는 달라지리라 생각합니다. 이를테면 파나소닉panasonic에서는, "투자한 '자본비용'을 웃도는 이익을 내고 있는지"를 보여주는 경영지표(제4장에서 설명하는 'EVA'에 가까운 지표)의 운용을 검토하여, 사업부마다 '자본비용(127쪽 참고)'을 고려한 경영을 추구하도록 하고 있습니다. '사업부마다'라고 했습니다만 향후에는 더욱 쪼개져서, 당신이 일하는 부서나 현장에도 '목표'로 내려올 수 있습니다.

적어도 **과장급이라면 'ROE가 뭐지?' '자본비용이란 또 뭐지?'** 이래서는 안 되겠지요.

처음부터 너무 협박하듯 말했습니다만, 경영지표를 읽을 수 있다면 이점이 아주 많습니다.

신입사원이나 젊은 직원이라면 거래처가 처한 상황을 분석해 더욱 심도 있게 업무를 제안할 수 있습니다. 또한 경쟁회사를 분석할 수 있다면, 자사 전략 수립에도 도움이 됩니다.

개인투자자도 어느 기업에 투자해야 좋을지 고민할 때 경영지표를 검토할 수 있다면, 손실이 날 확률을 낮출 수 있겠지요. 직장인이라면 당연히 승진에도 도움이 되는 등, **경영지표를 공부하는 일은 레버리지 효과*가 매우 좋은 자기투자입니다.**

---

* 지렛대 원리처럼 적은 투입으로 높은 성과를 거두는 효과—옮긴이

하지만 경영지표는 무수히 많습니다. 또한 이러한 경영지표를 이해하려면 최소한 재무제표(재무상태표, 손익계산서, 현금흐름표) 읽는 법은 숙지하고 있어야 합니다.

그런데 경영지표를 소개한 책 중에는 기초적인 회계지식을 안다는 전제로 쓰인 책이 많아, 회계 초보자가 읽기에는 어려움이 많습니다.

그래서 이 책에서는 **비즈니스맨이 최소한 알아야 할 재무제표 읽는 법과, 그것을 활용하여 ROE를 포함한 주요 경영지표를 계산, 분석하는 방법을 묶어서 설명하고**자 했습니다(재무제표를 어느정도 읽을 수 있는 사람은 해당 부분을 건너뛰거나 가볍게 읽어주면 됩니다).

저는 경영컨설턴트라는 직업상 많은 기업의 재무제표를 봅니다만, 기업의 경영 상태를 분석할 때 항상 충분한 시간이 주어지는 것은 아닙니다.

여러 회사의 비상근임원과 고문직도 맡고 있어서, 짧은 회의 시간 동안 그 회사와 그 회사의 자회사까지, 신속하게 분석하여 조언해야만 할 때도 있습니다.

경영지표의 '효율적 학습 방법'과 이 책의 특징

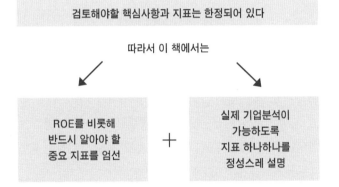

- 경영지표는 무수히 많다⋯⋯
- 재무제표를 처음부터 끝까지 꼼꼼히 볼 수가 없다⋯⋯

하지만!

검토해야할 핵심사항과 지표는 한정되어 있다

따라서 이 책에서는

ROE를 비롯해
반드시 알아야 할
중요 지표를 엄선

\+

실제 기업분석이
가능하도록
지표 하나하나를
정성스레 설명

그러면 당연히 처음부터 끝까지 꼼꼼히 볼 수가 없습니다. 그래서 이때를 위해 사전에 **검토해야 할 핵심사항과 지표를 정해두었습니다.**

예를 들어 '1초 만에 기업의 도산 위험성을 알고 싶다'면, '재무상태표의 유동자산과 유동부채 중 어느 쪽이 많은지, 혹은 '유동비율(162쪽 참고)'를 확인합니다. 또는 '자산을 얼마나 효율적으로 활용하는지를 알고 싶다'면, 자산과 매출액을 비교한 '자산회전율(205쪽 참고)'을 재빨리 계산합니다.

이렇듯 재무제표를 볼 때의 요령도 이 책에서 소개하고자 합니다.

다음은 이 책에서 다루는 주요 경영지표의 목록입니다. '교과서'라는 제목을 내건 것에 비해선 개수가 적다고 느낀 사람도 있을지 모르겠습니다.

경영지표 해설서나 인터넷에는 수많은 지표가 소개되어 있습니다. 하지만 그 지표들의 정의나 계산식을 아는 것만으로는 아무런 의미가 없습니다. 게다가 실제 기업 분석에서 사용하는 지표도 그렇게 많지 않습니다. 이 정도만 알아도 충분합니다.

그래서 이 책에서는 중요도가 높은 지표만을 엄선하였고, 그 대신 지표 하나하나를 꼼꼼히 설명하고자 했습니다. 따라서 각 지표의 정의나 계산식뿐만 아니라, 어째서 경영자나 투자자가 그 지표를 중요시하는지, 어느 정도의 수치라면 적정한지, 수치를 높이기 위해 기업은 구체적으로 어떤 일을 하는지, 그 지표를 검토할 때 간과하

기 쉬운 핵심은 무엇인지 등에 이르기까지 깊이 있게 이
해할 수 있습니다.

이 책에서 다루는 주요 경영지표

- ROE(자기자본이익률)
- ROA(총자산이익률)
- WACC(가중평균자본비용)
- EVA(경제적부가가치)
- EBITDA배율
- 자기자본비율
- 유동비율
- 당좌비율
- 수중유동성
- 자산회전율
- 매출액성장률
- 매출원가율
- 재고자산회전월수
- 판관비율
- 매출액영업이익률
- 현금흐름마진
- 잉여현금흐름
- D/E비율

먼저 제1장에서는 ROE 등을 이해하는데 필요한 재무제표의 기초지식을 설명합니다. 구체적으로는 재무제표 중 '재무상태표'와 '손익계산서'의 기본 구조와 보는 방법을 설명하고, **'주주자본'**과 **'당기순이익'**을 확실히 이해할 수 있도록 합니다.

회계지식이 전혀 없는 사람도 이해할 수 있도록 기초 중의 기초부터 설명하므로, 어느 정도 회계지식이 있는 사람은 제2장부터 읽어도 좋습니다.

그리고 제2장에서는 ROE에 관해 자세히 설명합니다. 그 정의와 계산식은 물론이고,

- 주주가 ROE를 중요시하는 이유
- 지금 일본에서 ROE를 많이 거론하는 배경
- 'ROE가 높은 기업=우량기업'이라고 단정할 수 없는 이유
- ROE를 높이는 좋은 방법, 나쁜 방법
- ROE와 ROA의 차이

이런 점들에 관해서도 설명하므로, 이 장을 읽으면 ROE에 관해 완전히 이해할 수 있습니다.

또한 ROE와 관련하여 반드시 머릿속에 기억해야 할 것은, 앞에서도 파나소닉 이야기로 잠깐 언급한 '자본비용'이라는 개념입니다. 따라서 제2장에서는 'WACC(가중평균자본비용)'라는 지표도 설명합니다. 약간은 생소할지도 모르겠지만 이것을 이해하면, '자금을 충분히 지녔을 도요타가 거액의 대출을 받는 이유는 무엇인가'에 대해 이해할 수 있게 됩니다.

제3장은 바로 '경영지표의 교과서'가 되는 내용입니다. 평소 제가 기업분석을 할 때 검토하는 지표를 중심으로 소개합니다.

재무제표를 펼쳤을 때, "너무 많은 숫자가 나열되어있어, 어디를 봐야 좋을지 모르겠다"고 말하는 사람이 많으리라 생각합니다. 하지만 핵심만 짚으면 그다지 어렵지 않습니다. 제3장을 읽으면 다음을 각각 분석할 수 있게 됩니다.

- 재무상태표로부터 기업의 '안정성'
- 손익계산서로부터 기업의 '수익성'

● 현금흐름표로부터 기업의 '장래성'

마지막 제4장은 발전편으로, 중·상급자 대상의 경영
지표와 기법을 소개합니다. 기업의 가치(가격)를 계산할
때 사용하는 'DCF법'과 'EBITDA배율', ROE 다음으로
주목받을 가능성이 높은 'EVA'라는 지표도 다룹니다.

갑자기 들어본 적도 없는 듯한 회계용어와 경영지표
가 대거 등장해, '왠지 어려울 것 같아'라는 생각이 들 수
도 있겠지만, 순서대로 천천히 읽어간다면 절대 어렵지
않습니다. 오히려 "어머, ROE가 이렇게 간단한 것이었
어!?"라며 놀라는 쪽이 많을 것입니다.

이 책을 다 읽은 후에는, 여러분 모두 재무제표를 꽤
실천적으로 분석할 수 있게 될 것입니다. 그렇다면 이제
시작해 볼까요.

2장 | 주목받는 경영지표 'ROE'를 완전히 이해한다
- 'ROA'와의 차이점은? ROE를 높이려면 어떡해야 하는가? _081

※ 이 책은 2015년 6월 발간된 「'ROE란 무엇?'이라 묻는 사람을 위한 경영지표 교과서」(PHP비즈니스신서)에 그림과 표를 추가하고, 기업의 결산 수치를 최신으로 갱신하는 등, 전면적으로 가필, 수정한 책입니다.

제1장
[준비편]
꼭 알아야할 '재무상태표'와
'손익계산서'의 기본

– 최소한의 핵심만을 알기 쉽게 설명!

ROE

제1장에서는 우선, 'ROE' 등의 경영지표를 이해하기 위해 필요한 최소한의 '재무제표의 기초지식'을 설명합니다.

이 장의 가장 큰 목표는 '당기순이익'과 '주주자본'이 무엇인지, 또 그것들이 재무제표에서 어떻게 자리매김하는지를 확실히 이해하는 일입니다. 나아가 재무제표의 기초지식이 여러분의 몸에 배도록 고심하며 설명했습니다.

'왠지 어려울 것 같아'라고 생각했을지도 모르지만, 회계지식이 전혀 없는 사람도 이해할 수 있도록 핵심을 간추려 알기 쉽게 설명했으니 안심하고 읽어나가기 바랍니다. 또한 이미 알고 있는 부분이 있다면 건너뛰고 읽어도 좋습니다.

도대체 '결산'과 '재무제표'란 무엇인가?

신문이나 뉴스 등에서 종종 '결산'이란 단어가 나옵니다. 기본 중의 기본인 이것부터 설명하겠습니다. 결산이란,

● 어느 일정 기간 동안 수입과 지출이 어느 정도이고, 얼마나 벌었는지 (또는 얼마나 손해를 보았는지)

● 자산이나 부채 등의 재산 상황은 어떤지

이런 것들을 계산하는 일입니다.

결산은 보통 1년에 한번 실시하지만, 상장기업은 의무적으로 분기(3개월)에 한번씩 실시해야 합니다. 이처럼 결산하는 기간을 '회계기간'이라 부르고, 그 마지막 날을 '기말' 또는 '결산일'이라고 합니다.

결산일은 회사마다 다릅니다. 예를 들어 1년을 결산하는 경우에 결산일이 3월말이면, '3월(기) 결산', 12월말이면 '12월(기) 결산'이라 부릅니다. 상장기업의 경우, 약 70%가 '3월(기) 결산'입니다.*

그리고 회사가 결산 후 발표하는 결산서를 '재무제표'라고 부릅니다.

일반적으로 재무제표라고 하면 어렵다고 느낍니다. 그것은 대부분의 사람이 재무제표 '작성법'을 배우려하

* 한국은 상장기업 중 12월기 결산법인 비율이 96%이다.

기 때문입니다. 확실히 재무제표를 작성하는 법을 완전히 알기는 어렵습니다.

하지만 회계 전문가나 경리 담당자가 아닌 **경영자나 일반 비즈니스맨이라면, 재무제표를 '작성'할 정도로 알 필요는 전혀 없습니다. '읽을' 정도면 충분합니다.** 따라서 이 책에서는 '읽는 법'만을 설명합니다. 이때 지표를 이용해 읽는 법도 함께 필요하겠지요.

세 가지 재무제표에서 무엇을 알 수 있는가?

재무제표는 크게 나누어 '재무상태표' '손익계산서' '현금흐름표'라는 세 가지 표로 구성됩니다. 여기서는 이 것들이 각각 어떤 것이며, 무엇을 파악할 수 있는지를, 매우 간단히 설명하고자 합니다.

우선 **'재무상태표**Balance Sheet, BS**'란 결산일 시점에서 회사의 재산, 부채, 순자산의 상태가 어떤 지를 정리한 표**입니다('부채'나 '순자산'이란 말이 갑자기 등장해 어렵다고 느낀 사람도 있겠지만, 뒤에 자세한 설명이 나옵니다).

좀더 자세히 설명하면 '회사가 어떤 자산(현금, 상품, 건물, 기계 등)을 얼마나 가지고 있는가'와 '그 자산을 구매하기 위해 자금을 어떻게 조달했는가'를 나타냅니다. 재무상태표를 통해 회사가 사업을 지속할 수 있는지, 도산할 위험성은 없는지 등의 '안정성'을 점검할 수 있습니다.

두 번째 '손익계산서Profit and Loss, PL'는 회사의 '수익성', 즉 얼마나 버는지를 나타내는 표입니다.

회계기간(1년에 한번 결산하는 회사라면 1년간) 동안 발생한 매출과 비용, 그리고 그 결과 얼마큼의 이익 또는 손실이 났는지 등이 자세히 기재되어 있습니다. 회사의 성적표라고도 할 수 있지요.

세 번째 '현금흐름표Cash Flow, CF'는 회계기간 동안 얼마큼의 '현금'이 증감했는지를 기록한 표입니다.

손익계산서에서 '이익'이 계상된 시점과 실제 돈이 들어오는 시점이 같다고는 할 수 없습니다. 상품이나 서비스를 제공하면 매출과 이익은 계상되지만 사업을 하다 보면 이익 계상 후 수개월이 지난 뒤에야 돈이 들어오는 경우가 자주 발생합니다(이 경우가 '외상매출금'입니다). 그 결과 손익계산서로는 흑자지만, 현금이 부족하여 도산하는 경우도 충분히 있을 수 있습니다.

그래서 재무상태표와 손익계산서만으로는 알 수 없는, 회사의 '현금' 흐름을 보여주는 표가 현금흐름표입니다. 이 표로 회사의 '**장래성**' 등을 알 수 있습니다.

이 세 가지 중, **ROE와 관계된 재무상태표와 손익계산서**는 제2장에서 자세히 설명합니다. 따라서 제1장에서는 재무상태표와 손익계산서를 보는 기본 방법에 관해 설명합니다. 현금흐름표를 보는 방법에 관해서는 제3장에서 따로 설명하므로, 그 장을 읽어주기 바랍니다. 또한 제3장에서는 세 가지 재무제표를 가지고 회사의 '안정성' '수익성' '장래성'을 분석하는 방법도 자세히 소개합니다.

1-1 세 가지 재무제표로 알 수 있는 내용

ROE와 관계된 표는 이 두 가지!

- ● 재무상태표(BS) = 기업의 '안정성'을 알 수 있다
- ● 손익계산서(PL) = 기업의 '수익성'을 알 수 있다
- ● 현금흐름표(CS) = 기업의 '장래성'을 알 수 있다

자세한 분석 방법은 제3장에서 설명

여기서 한 가지 짚고 넘어가야할 내용이 있습니다.

재무상태표는 '그 기말시점(또는 분기말 시점)'의 상태라는 점입니다. 재무상태표(58쪽)의 가장 윗부분을 보면 '해당 회계연도(제×기 2016년 12월 31일 현재)' 등이 적혀있습니다. 이것은 2016년 12월 31일 '시점'의 자산, 부채, 순자산의 상태라는 의미입니다.

한편 손익계산서와 현금흐름표는 '기간'으로 집계됩니다. 분기보고라면 3개월간, 중간 결산이면 반년간, 전체 결산이면 1년간의 실적이 정리되어 있습니다. 이를테면, 손익계산서의 가장 윗부분을 보면 '해당 회계연도(제×기 2016년 1월 1일부터 2016년 12월 31일까지)' 등이 적혀있습니다(32쪽 참조). 이것은 2016년 1월 1일부터 같은 해 12월 31일까지 1년간의 실적임을 의미합니다.

이상과 같이 재무상태표는 '시점'으로, 손익계산서와 현금흐름표는 '기간'으로 집계됩니다.

'손익계산서'의 구성과 보는 방법

여기서는 재무상태표와 손익계산서의 구조와 보는 방법에 관하여 알기 쉽게 설명합니다. 유명 기업의 실제 재무제표를 사용하여 설명하는 부분도 있습니다. 이것들의 구조와 보는 방법을 이해만하면 되므로, 자세한 숫자를 확인하기가 귀찮다면 건너뛰어도 상관없지만, 가능하면 실제 재무제표의 숫자를 확인해가며 읽어주기 바랍니다.

실제 재무제표는 일반적으로 '1. 재무상태표' '2. 손익계산서' '3. 현금흐름표'의 순서로 이어지지만, 세 가지 중 가장 알기 쉽고, 읽는 방법이 간단한 것은 손익계산서이므로, 이 책에서는 손익계산서부터 설명하고자 합니다.

기본은 '수익-비용=이익'의 반복

손익계산서 구조는 간단합니다. 가장 위의 것이 '매출액'이고 그것으로부터 몇 개로 분류된 '비용'을 순서대로 차감하며, '이익(또는 손실)'을 산출해가는 형태입니다. **'수익-비용=이익'이란 과정의 반복**이라고 생각하면 됩니다([1-2] 참고. 이해가 쉽도록 조금 단순화했습니다).

1-2 손익계산서(PL)의 구성

매출액
− 매출원가
───────────

매출총이익
− 판매비와 일반관리비
───────────

영업이익
+ 영업외수익
− 영업외비용
───────────

경상이익
+ 특별이익
− 특별손실
───────────

법인세비용차감전순이익
± 세금 조정
───────────

당기순이익

> ROE를 계산할 때는
> 이것을 사용한다!

또한 [1-2]를 보면 알 수 있듯이 **'이익'에는 몇 가지 종류가 있습니다.** '영업이익' '경상이익' '순이익'이란 단어들을 들어보았거나 실제 본 적이 있을 것입니다.

손익계산서에서는 각 이익의 차이를 이해하는 것이 중요합니다. 특히 뒤에 나오는 ROE를 계산할 때는 '(지배주주에게 귀속되는) 당기순이익'을 사용하므로 이번 장에서 확실히 이해하길 바랍니다.

그럼 이제 기린 홀딩스(이하 기린)의 실제 손익계산서 (2016년 12월기 결산)를 보면서 각각을 설명하고자 합니다. 참고로 주식을 상장한 회사라면, 회사 웹사이트에서 세 가지 재무제표가 게재된 **'사업보고서'**라는 문서를 볼 수 있습니다. 마음에 걸리는 회사가 있다면 반드시 점검해보기 바랍니다.

그러면 다음 페이지에 있는 기린의 손익계산서를 봐주십시오. 익숙하지 않은 사람은 손익계산서에서 숫자를 확인해가며 따라 읽어 주기 바랍니다.

가장 윗줄은 **'매출액'**이며, 2조 750억 7,000만 엔으로 계상되어 있습니다. 이것은 해당 회계기간 동안 상품이나 서비스를 판매한 금액입니다.

소매업이나 서비스업 등 일부 업종에서는 '영업수익'

이라고 부르기도 합니다. 요컨대 '**본업으로 얻은 매출**'이 이에 속합니다. 따라서 기린이 소유한 토지나 건물을 팔아 수익을 올리더라도 매출액으로는 계상되지 않습니다. 반면 부동산회사가 토지나 건물을 판 경우에는 그것이 본업이기 때문에 당연히 매출액이 됩니다.

다음 항목은 '**매출원가**'입니다. 이것은 판매한 상품이나 서비스와 직접 관련한 비용으로, 기린의 경우 1조 1,576억 9,200만 엔으로 계상되어 있습니다. 예를 들면, 기린이 맥주와 청량음료 등의 제품을 만들기 위한 원재료비, 제조에 사용한 전기료, 제조 관련인의 인건비(노무비) 등이 '매출원가'에 속합니다. 또한 제조공장 등의 감가상각비도 여기에 포함됩니다만 '감가상각'에 관해서는 228쪽에서 다시 설명합니다.

매출원가를 볼 때의 중요한 핵심은 '**팔린 만큼 계상된다**'는 점입니다.

제품을 많이 만들거나, 원재료를 많이 구매하더라도, 팔리지 않은 분량은 매출원가에 포함되지 않습니다. 다시 말해 매출원가와 제조 또는 구매원가 사이의 등식은 성립하지 않습니다. 만든 분량, 구매한 분량은 일단 재무상태표의 '재고자산(=재고)'이 되고, 그중 팔린 분량만큼만 '매출원가'가 됩니다.

그렇다면 이것이 왜 중요할까요? 그 이유는 매출원가나 그 원가율(매출원가÷매출액)이 적정 수준이어도, 불량재고가 엄청나게 증가하는 경우가 있기 때문입니다(이것을 완전히 이해하려면 재무상태표에 관한 지식도 필요하므로 214쪽에서 다시 설명하겠습니다. 여기서는 그다지 신경쓰지 말고 읽어주세요).

1-3 기린의 연결손익계산서 (2016년 12월기 결산)

(단위:백만엔)

	전기연결회계연도 2015년 1월 1일부터 2015년 12월 31일까지	당기연결회계연도 2016년 1월 1일부터 2016년 12월 31일까지
매출액	2,196,925	2,075,070
매출원가	1,228,853	1,157,692
매출총이익	968,071	917,377
판매비와 일반관리비	846,320	775,488
영업이익	124,751	141,889
영업외수익		
이자수익	2,776	2,668
배당수익	3,762	2,695
지분법에 따른 투자이익	16,160	11,849

기타	7,156	3,676
영업외수익합계	29,586	20,889
(영업외비용)		
이자비용	(20,067)	(13,252)
투자자산평가손실	–	3,446
기타	5,403	5,403
영업외비용합계	26,408	22,101
(경상이익)	128,199	(140,676)
(특별이익)		
고정자산처분이익	19,454	8,456
투자유가증권처분이익	6,810	7,229
관계회사주식처분이익	130	15,468
수취해약금	–	24,699
해외자회사부가가치세환급	–	9,649
기타	2,803	1,819
특별이익합계	29,198	67,321
(특별손실)		
고정자산폐기손실	3,162	3,325
고정자산처분손실	878	2,185
감손손실	(123,385)	473
투자유가증권평가손실	34	529
투자유가증권처분손실	–	289
사업구조개선비용	8,803	13,303
기타	3,710	7,128
특별손실합계	139,975	27,234
(법인세비용차감전순이익)	17,422	(180,763)
법인세, 주민세및사업세	46,457	53,330
법인세등조정액	△544	△6,233
법인세등합계	45,913	47,097
(당기순이익 또는 당기순손실)	△28,467	(133,666)
비지배주주에 귀속되는 당기순이익	18,831	15,508
지배주주에 귀속되는 당기순이익 또는 지배주주에 귀속되는 당기순손실	△47,329	118,158

다음은 매출에서 원가를 뺀 **'매출총이익'**입니다. 이것은 '매출액-매출원가 = 매출총이익'으로 계산되며, 상품과 서비스를 판매하여 직접 벌어들인 이익입니다. 기린의 경우는 '2조 750억 7,000만 엔-1조 1,576억 9,200만 엔 = 9,173억 7,700만 엔'이 매출총이익이 됩니다.

영업이익은 '본업에서의 실력'을 나타낸다

'판매비와 일반관리비'는 줄여서 **'판관비'**라고 부르기도 하는 비용입니다. 제품을 제조하거나 서비스를 제공하는데 직접 관련이 없는 비용으로, 같은 비용이지만 매출원가와는 다릅니다.

판관비에 해당하는 것을 예로 들면, 텔레비전 광고 등의 광고선전비나 영업에 들어간 비용, 회사를 운영하기 위한 비용 등입니다. 회사를 운영하기 위한 비용으로는 매장이나 건물, 영업소에 들어가는 매월의 임대료나 수도광열비, 청소비 등이 있고, 제조부문 이외의 영업이나 회계부서 등에서 일하는 직원들의 인건비도 판관비에 포함됩니다.

덧붙이자면, 판관비는 기업의 노력에 따라 상당히 억

제할 수 있기 때문에 경기나 업황이 나쁠 때는 가장 먼저 비용절감의 대상이 됩니다.

다음은 **'영업이익'**입니다. 이것은 앞의 매출총이익에서 판관비를 차감한 것으로(매출총이익-판관비=영업이익), 본업에서의 이익을 나타내는 굉장히 중요한 숫자입니다. 기린의 경우, 매출총이익이 9,173억 7,700만 엔, 판관비는 7,754억 8,800만 엔이므로 영업이익은 1,418억 8,900만 엔이 됩니다. 영업흑자를 이룬 것입니다.

만약 이것이 마이너스라면 본업에서 이익을 못 내는 것이므로, 기업 활동에 심각한 문제가 있다고 할 수 있습니다. **영업이익은 '본업에서의 실력'**을 나타냅니다.

기린의 경우, 이전 기보다 영업이익이 늘고, 지속해서 흑자를 내고 있으니 문제가 없습니다.

경상이익은 '본업의 이익'에 '본업 이외의 이익'을 더한 것

지금까지 설명한 매출액부터 영업이익까지는, 회사 본업에서의 운영 실적을 나타내는 부분입니다.

한편 회사는 본업 이외에서도 수익을 올리거나 비용

을 지출하기도 합니다. 예를 들면, 보유 중인 주식의 배당금이 들어오기도 하고, 은행에서 돈을 빌렸다면 이자를 지급해야만 합니다. **영업이익 밑으로 열거된 항목들이 이처럼 본업 이외에서 발생한 수익, 비용, 이익**(손실)입니다.

영업이익 밑에 있는 '**영업외수익**'이란, 본업 이외의 활동으로 발생한 수익 중 정기적 또는 일정한 빈도로 생긴 부분입니다.

예를 들면, 보유 중인 주식의 배당금(배당수익)이나 이익을 낸 관계회사의 지분에 따라 계상된 이익(지분법에 따른 투자이익) 등이 이에 속합니다.

한편 '**영업외비용**'의 주요 항목은 은행에서 돈을 빌린 경우에 발생하는 '이자비용'입니다. 또한 보유 중인 해외자산 등이 환율 변동으로 평가손실을 안은 경우인 '환차손'도 영업외비용으로 계상됩니다.

영업이익에 영업외수익을 더하고 영업외비용을 빼면, '**경상이익**'이 계산됩니다. 기린의 경우는 1,406억 7,600만 엔이 되네요. 경상이익은 '경상적인 사업 활동의 결과로 발생한 이익'이라고도 할 수 있습니다.

　본업 이외에서 발생하는 이익과 손실에는 일회성인 것도 있습니다.

　예를 들어 부동산업을 하지 않는 한, 토지나 공장 등의 매각이익이 매년 발생하지는 않습니다. 이와 같은 일시적 이익을 '**특별이익**'이라고 부릅니다. 또 태풍이나 지진 등으로 건물이 피해를 입었다면 복구에 비용이 듭니다. 이러한 일회성 비용은 '**특별손실**'이 됩니다.

　경상이익에 특별이익을 더하고 특별손실을 빼면, '**법인세비용차감전순이익**'이 산출됩니다. 기린의 경우는 1,807억 6,300만 엔으로 계상되어 있네요.

　마지막으로, 법인세 등 세금을 조정하면 최종 이익인 '**당기순이익**'이 산출됩니다. 기린에서 1,336억 6,600만 엔의 당기순이익이 산출되는지를 확인해 보기 바랍니다 (당기순이익 밑으로 '비지배주주에 귀속되는 당기순이익'과 '지배주주에 귀속되는 당기순이익'이란 항목이 있지만, 설명이 조금 까다로우므로 234쪽에서 다시 설명하도록 하겠습니다).

　이처럼 손익계산서는 전체적으로 '수익-비용=이익'의 과정의 반복임을 알 수 있습니다. 세세한 계정과목까

매출총이익	매출에서 원가를 뺀, 이른바 총이익
영업이익	'본업에서의 실력 수준'을 나타낸다
경상이익	본업에서의 이익과 본업 이외에서 경상적으로 발생한 이익
법인세비용차감전순이익	경상이익에 '일시적으로 발생한 수익(비용)'을 더한(뺀) 것
당기순이익	세금을 조정한 후 최종적으로 남는 이익

지 반드시 기억해야할 필요는 없지만, 이러한 기본 구조
와 지금까지 언급한 각 이익의 정의는 기억해두십시오.

투자자에게 가장 중요한 이익은 '당기순이익'

손익계산서 구조와 함께 매출총이익, 영업이익, 경상
이익, 당기순이익 등 여러 이익에 관해 설명했습니다.

당연히 어느 이익이든 모두 중요하지만, 경영의 관점
에서 봤을 때 가장 중요한 것은 '영업이익'입니다.

영업이익은 통상적인 운영에서 나오는 이익이므로,

영업이익을 충분히 벌지 못하면 회사 존속에 문제가 생길 수도 있기 때문입니다. 또한 영업이익은 다른 지표에 비해 그 당시 경영의 좋고 나쁨을 종합적으로 잘 나타내기 때문이기도 합니다.

예를 들어 이전 경영자가 많은 빚을 졌다면, 새로운 경영자가 부임하더라도 당분간은 이자를 계속 지급해야만 합니다. 다시 말해 이자비용은 어떤 경영자라도 단기적으로는 통제할 수가 없습니다. 게다가 이자율의 변동도 통제할 수 없습니다. 그렇기 때문에 이자비용이나 환차손 등이 가미된 경상이익은, 당연히 회사 전체의 경영 상태를 보여주기는 하지만, 그 당시 경영자의 실력을 완전히 반영한다고는 할 수 없습니다.

이런 점에서 영업이익은 자사에서 통제 가능한 사업의 1년간 성적이기 때문에 경영자의 실력을 가장 잘 반영합니다. 즉, **경영자의 능력은 영업이익을 보면 단번에 알 수 있습니다.**

경영이 악화되었을 때에도 부활의 열쇠를 움켜쥔 것은 영업이익입니다. 영업이익을 키우지 못하면 재무상태를 개선할 수 없습니다. 더욱이 영업손실이 계속 이어진다면 회사는 무너질 수도 있습니다. 본업에서 이익을 내지 못하면 손쓸 방도가 없기 때문이지요.

뒤집어 말하면, 영업이익을 벌어 빚을 갚는 등 서서히 재무상태를 개선해가면 경상이익, 순이익도 증가합니다. 모든 것이 영업이익에 달려있는 것입니다.

반면 투자자에게 중요한 것은 '(지배주주에 귀속되는) 당기순이익'입니다.

왜냐하면 **당기순이익만이 주주에게 귀속되어 그 금액에 따라 배당이 결정되고, 주가에도 큰 영향을 미치는 경우가 많기 때문입니다.**

물론 경영자는 당기순이익에도 큰 책임을 집니다. '특별손실은 돌발적으로 발생한 것이므로 자신의 경영책임과는 관계가 없다'고 생각하는 경영자도 있습니다만, 나

1-5 '경영의 관점'과 '투자자의 관점'

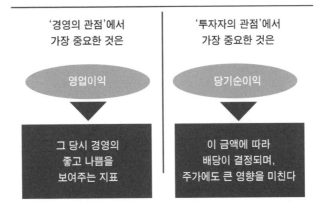

'경영의 관점'에서 가장 중요한 것은	'투자자의 관점'에서 가장 중요한 것은
영업이익	당기순이익
그 당시 경영의 좋고 나쁨을 보여주는 지표	이 금액에 따라 배당이 결정되며, 주가에도 큰 영향을 미친다

는 그런 경영자는 굉장히 무책임하다고 생각합니다. 대규모 특별손실로 무너져버리는 회사도 있기 때문에 책임지지 않을 수가 없습니다.

이런 돌발적인 사태에 버틸 수 있도록 회사를 운영하고, 고용을 유지하며, 안정된 주주환원이 가능하도록 하는 일이 경영자의 책무입니다. 그러기 위해서라도 다음에 설명할, 재무상태표의 안정성을 중심으로 한 기본적인 이해를 기반으로 회사를 경영해야만 합니다.

'재무상태표'의 구성과 보는 방법

이어서 재무상태표를 설명하겠습니다.

ROE와 ROA를 비롯한 경영지표를 이해하려면 이 재무상태표의 구조도 충분히 머릿속에 있어야 합니다. 이 부분은 좀더 집중해서 읽어주기 바랍니다.

잠시 복습하자면, 재무상태표에서 무엇을 알 수 있을까요? 그렇습니다. 기업의 '안정성'이지요. 즉, 기업이 사업 활동을 지속할 수 있는지, 도산할 위험성은 없는지 등을 조사할 수 있는 표입니다.

아무리 수익을 올리고 있어도 안정성에 문제가 있으면 무너져버릴 수 있습니다. 따라서 긴급한 경우에 가장 먼저 봐야 할 재무제표는 재무상태표입니다.

재무상태표는, 손익계산서보다 구조가 다소 까다로울 수 있지만 핵심을 파악하면 어렵지 않습니다 (다시 말하지만, 기본적인 '읽는 방법'만 이해하면 되므로 그다지 어렵지 않습니다).

먼저 재무상태표의 기본구조를 설명하겠습니다.

재무상태표는 다음 쪽의 [1-6]과 같이 좌우로 나누어 져 있습니다. **왼쪽이 '자산부분', 오른쪽이 '부채부분'과 '순자산부분'**입니다.

이 표의 가장 중요한 원칙을 말하자면, 왼쪽과 오른쪽 의 합계는 반드시 일치합니다. 그런 연유로 재무상태표 를 '밸런스시트Balance Sheet'라고도 부릅니다.

'자산'이란, 문자 그대로 회사의 재산입니다. 회사를 경영하기 위해서는 자금, 제품을 만들기 위한 원재료와 기계, 공장이나 사무실 등의 건물, 재고상품, 컴퓨터, 문구류 등이 필요합니다. 기업은 이런 자산을 사용하여 매출액과 이익을 내는 것이지요.

왼쪽의 '자산부분'에는 이 회사가 자산을 어느 정도 보유하는지가 자산 종류별로 정리되어 있습니다(원칙적으로 그 자산을 취득한 당시의 가격으로 기재됩니다).

1-6 재무상태표의 구성

왼쪽

운용

=

돈을 어떻게
사용했는가

자산부분

부채부분

순자산부분

자산 = 부채+순자산

오른쪽

조달처

=

돈을 어떻게
조달했는가

한편 이러한 자산을 구매하려면 자금이 필요한데, 그 돈을 어떻게 조달했는가를 정리한 것이 오른쪽의 '부채부분'과 '순자산부분'입니다.

다르게 표현하면, 재무상태표의 오른쪽은 '돈을 어떻게 조달했는가'를, 왼쪽은 '돈을 어떻게 사용했는가'를 각각 보여줍니다. 그렇기 때문에 좌우 합계는 반드시 일치하며 다음과 같은 계산식이 됩니다.

자산 = 부채+순자산

이것이 첫째가는 대원칙입니다.

'부채'와 '순자산'의 차이점을 설명할 수 있는가?

앞에서 재무상태표의 오른쪽을 설명할 때, '왼쪽은 자산뿐인데, 오른쪽은 어째서 부채와 순자산으로 나누어지는가'란 의문이 든 사람도 있을 텐데요. 좋은 질문입니다.

사실은 '부채'와 '순자산'의 차이를 이해하는 것이 재무상태표에서 가장 중요한 핵심입니다. 부채와 순자산에는 결정적인 차이점이 있습니다. 바로 **'부채는 미래의 어느 시점에 반드시 상환해야만 하는 돈, 순자산은 상환할 필요가 없는 돈'**이라는 점입니다. 이것은 굉장히 중요합니다.

1-7 부채와 순자산의 차이점

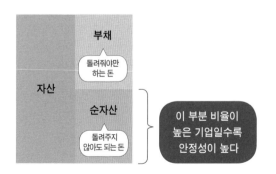

예를 들어 은행에서 돈을 빌리면 언젠가 반드시 상환해야만하므로 이것은 '부채'입니다. 이밖에도, 구매했지만 아직 대금을 지급하지 않은 외상매입금, 직원들에게 미래에 지급해야할 퇴직금 등도 부채에 포함됩니다. 언젠가는 반드시 지급해야만 하니까요.

반면 '순자산'의 주요 항목은, 주주가 출자한 돈과 사업으로부터 창출한 이익의 축적(이를 '이익잉여금'이라 합니다)입니다. 이들은 **'주주로부터 위탁받은 것'**이지만 기업이 해산하지 않는 한 돌려줄 필요는 없습니다.

그렇다면 어째서 이 부채와 순자산의 차이를 이해하는 것이 그리도 중요할까요? 그것은 기업이 존속함에 있어 가장 중요한 핵심이기 때문입니다.

기업이 언제 도산한다고 생각합니까? 상품이 팔리지 않을 때도, 적자에 빠졌을 때도 아닙니다. **정답은 '부채를 상환할 수 없을 때'입니다.** 순자산을 상환할 수 없어서 무너지는 것이 아닙니다.

따라서 경영에서는 부채를 너무 늘리지 않도록(순자산의 비율을 일정 수준 이상으로 유지하도록) 통제하는 것이 중요합니다.

부채와 순자산의 비율을 확인하는 지표로는 **자기자본비율**'이 있습니다. 모두 들어본 적이 있을 거예요.

재무상태표의 분석 방법이나 지표를 읽는 방법은 다음의 제3장에서 자세히 설명합니다만, 자기자본비율은 ROE와 ROA를 공부하는 데에도 필요한 지식이므로 먼저 설명하겠습니다.

자기자본비율은 다음과 같은 식으로 계산합니다.

자기자본비율 = 자기자본(≒순자산)÷자산

자산을 구성하는 돈 중, 상환할 필요가 없는 순자산의 대부분인 '자기자본'이 차지하는 비중을 계산한 식으로, **회사의 '중장기적' 안정성을 나타내는 중요한 지표입니다**('자기자본'은 순자산에서 '신주예약권'과 '비지배주주지분'을 뺀 것입니다. 뒤에서 자세히 설명합니다. 여기서는 자기자본과 순자산이 거의 동일하다고 생각하면 됩니다).

1-8 자기자본비율

▌ 회사의 중장기적 안정성을 나타낸다

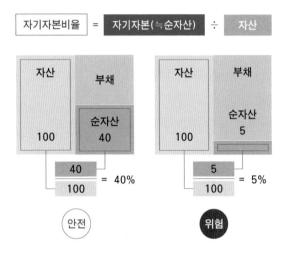

상환할 필요가 없는 '자기자본'의 비율을 보여주며,
이 수치가 높을수록 안정적이다
(단, 업종에 따라 안정으로 보는 기준이 다르다)

앞에서 회사가 무너질 때란, 부채를 상환할 수 없을 때라고 설명했지요. 부채가 증가하면 상환해야만 하는 돈이 늘어나므로, 회사가 무너질 가능성이 커집니다. 반대로 부채가 없고 전부 순자산이라면, 돈을 상환할 필요가 전혀 없게 됩니다. 따라서 안정성은 매우 높아집니다.

일반적으로는, 제조업처럼 공장이나 건물 등의 고정자산(53쪽 참조)이 많은 회사라면 자기자본비율이 20% 이상이어야 바람직합니다. 무역회사나 도매업처럼 외상매출금*이나 재고 등의 유동자산(53쪽 참조)이 많은 회사라면 15% 이상이면 안정적입니다.

그 밖의 업종에서도 10%를 넘어야만 안정적이라 할 수 있습니다. 단, 금융업은 돈을 다루는 기업이므로, 원래 현금이 풍족할 뿐 아니라 수익성도 비교적 높은 업종입니다. 따라서 자기자본비율이 10%를 밑돌더라도 자금융통이 가능합니다(경영지표를 볼 때는 80%의 회사에 일반적 기준이 적용되지만, 방금 설명한 금융업처럼 일부 예외도 있습니다. 이에 관해서는 제3장 160쪽에서 다시 설명합니다).

마지막으로 조금 세부적인 이야기를 하고자 합니다.

---

* 판매했지만 회수가 안 된 돈.

시간이 없는 사람은 건너뛰어도 됩니다.

저는 평소 자기자본비율을 산출할 때 '자기자본비율 = 순자산÷자산'의 계산식을 사용합니다만, 이 책에서는 이 계산식의 분자로 순자산에서 일부를 차감한 값을 사용합니다. 제2장에 나오는 ROE를 설명할 때 좀더 알기 쉽기 때문입니다. 도쿄 증권거래소에서도 마찬가지로 '자기자본비율 = 자기자본(순자산-신주예약권-비지배주주지분)÷자산'이란 계산식을 채용하고 있습니다(신주예약권과 비지배주주지분에 대해선 73쪽과 74쪽을 참고 바랍니다.)

평소 내가 분자에 순자산 모두를 포함해서 계산하는 이유는, 상환 의무가 없는 자금의 비율을 계산하는 경우라면 이 계산식이 가장 적합하기 때문입니다. 다른 계산식이라면 몇 가지 계정과목을 제하고 계산해야하므로 계산이 복잡해져 버립니다.

어차피 자기자본비율을 산출할 때 분자를 '자기자본(순자산에서 신주예약권과 비지배주주지분을 뺀 값)'으로 하든, '순자산'으로 하든, 큰 차이가 나는 경우는 그리 많지 않습니다.

앞에서 자기자본비율은 기업의 중장기적 안정성을 나타낸다고 설명했습니다. '중장기적'이라고 강조한 데에는 이유가 있습니다.

자기자본비율이 높은 기업이라도, 단기적으로는 도산할 가능성이 있기 때문입니다. 자기자본비율에 상관없이 기업은 단기적으로 자금이 부족하면 기업은 도산할 수 있기 때문입니다. 정확히 말하면, 자기자본비율이 높은 기업은, 뒤에서 설명할 단기적인 안정성이 확보된 경우라야 중장기적 안정성을 지닌다고 할 수 있습니다.

따라서 '자산'과 '부채'의 세부 내용을 좀더 자세히 살펴봐야만 합니다. 각각을 간단히 설명하겠습니다.

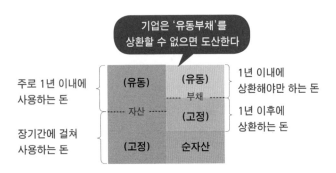

재무상태표의 '자산부분'과 '부채부분'은 위의 [1-9]
와 같이 각각 '유동자산' '고정자산'과 '유동부채' '고정부
채'로 나누어집니다.

그렇다면 '유동'과 '고정'은 무엇이 다를까요. 우선 부
채 측면부터 설명하겠습니다.

부채는 미래의 어느 시점에는 반드시 상환해야만 하
는 돈이라고 말했습니다만, 이 중 1년 이내에 상환할 의
무가 있는 부채를 '유동부채'라고 합니다. 이를 뺀 나머
지인 1년 이후에 상환하는 부채가 '고정부채'입니다.

기업은 어떤 상황에서 도산할까요? 기억을 되짚어보면 '부채를 상환할 수 없을 때'라고 앞에서 밝혔습니다. 좀더 정확히 말하면, **기업은 '유동부채'를 상환할 수 없을 때 도산합니다.**

그리고 유동부채로는, 구매했지만 아직 대금을 지급하지 않은 '지급어음 및 외상매입금', 1년 이내에 상환해야만 하는 '단기차입금', 지급 의무가 있는 '미지급금', 나중에 상품이나 서비스를 제공할 의무가 있는 '선수수익' 등이 있습니다.

이처럼 부채는 돈에만 국한되지 않습니다. 향후 제공해야만 하는 상품이나 서비스도 포함합니다. 예를 들어 건설회사가 공사를 수주한 경우, 먼저 일부 대금을 수취하므로 나중에 서비스를 제공해야만 합니다. 이때 만약 서비스를 제공할 수 없게 된다면 돈으로 돌려줘야하므로 이를 '상환해야만 하는 돈'으로 인식하는 것이지요.

유동부채 중 특히 무서운 것은 은행과 관계한 돈, 좀더 구체적으로 말하면 은행에서 빌린 돈인 '단기차입금'과 은행에서 결제하는 '지급어음'입니다. 만약 차입금 상환이나 어음결제가 두 번 막혀버리면 은행과의 거래가 정지되기 때문입니다. 다시 말해, 더는 돈을 빌릴 수 없게 되어 이때 사실상 도산하게 됩니다. 상환기한이 1년 이내인 회사채도 기일에 상환하지 못하면 도산으로 직결됩니다.

다음은 자산 측면을 보겠습니다.

유동자산으로는 현금, 예금 외에 판매했지만 아직 대금을 받지 못한 '받을어음 및 외상매출금', 원재료나 상품의 재고인 '재고자산(상품, 제품, 재공품, 원재료, 저장품)' 등이 있습니다. 요컨대, 바로 현금화할 수 있거나 통상적인 영업주기 이내에 회수 또는 사용될 예정인 것들입니다.

이 영업주기에도 대략 1년 이내라는 '1년 규칙'이 존재합니다. 다만 부채만큼 엄격하지는 않습니다. 예를 들어 원재료나 상품의 재고(재고자산)는, 경우에 따라 2년 이상을 보유할 수도 있습니다. 그렇더라도 통상적인 영업주기 이내에서 사용할 예정이라면 유동자산에 포함합니다.

다른 하나인 '고정자산'은 유동자산 이외의 것으로, 장기에 걸쳐 사용할 예정인 자산입니다. 철도회사를 예로 든다면 토지와 전차, 선로 등은 당연히 고정자산이 됩니다.

앞에서 "기업은 유동부채를 상환할 수 없게 되었을 때

도산한다"라고 했습니다만, 유동부채보다 유동자산이 많다면, 당분간 자금융통은 괜찮을 것이라고 추정할 수 있습니다.

1-10 '1초' 동안만 재무상태표를 본다면?

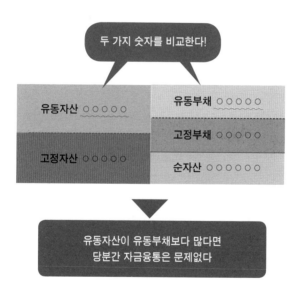

이것은 『1초! 만에 재무제표를 읽는 법』*이라는 책에서도 다루었지만, **저는 만약 재무제표를 딱 1초만 본다면, 유동자산이 유동부채보다 많은지를 확인합니다**([1-10] 참고). 재무상태표에는 유동부채와 유동자산의 합계액이 기재되어 있어서 어느 쪽이 많은지 금방 알 수 있기 때문입니다.

이처럼 재무상태표를 이용하여 기업의 '안정성'을 분석하는 방법은 157쪽에서 다시 자세히 다루겠습니다. 지표로는 '자기자본비율' 외에도 **'유동비율' '당좌비율' '수중유동성'** 등이 있습니다.

여기서는 기린의 재무상태표([1-11])를 이용하여, 자기자본비율, 유동자산, 유동부채만 검토해 봅시다. 숫자를 확인해 주세요.

우선 자기자본비율은 (순자산합계 9,460억 8,300만 엔-신주예약권 5억 6,200만 엔-비지배주주지분 2,648억 5,900만 엔)÷자산합계 2조 3,481억 6,600만 엔=29.0%가 됩니다. 이 숫자라면 문제없는 수준입니다. 참고로 비지배주주지분 금액이 이 정도로 큰 기업은 거의 없습니다.

---

* 『1초 만에 재무제표 읽는 법』, 고미야 가즈요시 지음, 김정환 옮김, 다산북스, 2010.

다음으로 유동부채합계액은 6,503억 8,200만 엔으로, 유동자산합계액인 7,481억 4,800만 엔보다 적으므로 이 역시 문제가 없습니다. 이 두 가지에 한해서는, 이 기업은 안정적이라고 할 수 있겠네요.

'부채' 중에는 이자가 붙는 것과 붙지 않는 것이 있다

부채부분에서 한 가지 중요한 것은 **이자가 있는 '유이자부채'**와 **이자 없는 '무이자부채'**가 있다는 점입니다.

특히 주목해야 할 것은 유이자부채입니다. 은행에서 빌리거나 회사채를 발행한 경우라면, 이자를 지급해야만 합니다. 이것은 손익계산서의 '이자비용'에도 영향을 주므로 주의가 필요합니다.

1-11 기린의 연결재무상태표 (2016년 12월기 결산)

(단위:백만엔)

자산부분	전기연결회계연도 2015년 1월 1일부터 2015년 12월 31일까지	당기연결회계연도 2016년 1월 1일부터 2016년 12월 31일까지
유동자산		
현금 및 예금	66,465	58,990
받을어음 및 외상매출금	397,692	393,500
상품 및 제품	153,901	135,335
재공품	25,482	25,229
원재료 및 저장품	48,343	47,045
이연법인세자산	29,396	30,179
기타	65,133	63,313
대손충당금	△4,479	△5,445
유동자산합계	781,933	748,148
고정자산		
유형고정자산		
건물 및 구축물	551,155	555,316
감가상각누계액	△335,895	△338,894
건물 및 구축물(순액)	215,260	216,422
기계장치 및 운반기기	947,561	943,822
감가상각누계액	△712,580	△712,394
기계장치 및 운반기기(순액)	234,980	231,427
토지	167,579	159,008
건설 중인 자산	52,671	52,371
기타	185,650	188,471
감가상각누계액	△144,378	△142,497
기타(순액)	41,272	45,973
유형고정자산합계	711,763	705,204
무형고정자산		
영업권	269,215	228,983
기타	189,331	172,927
무형고정자산합계	458,546	401,910
투자기타자산		
투자유가증권	408,888	396,057
퇴직급여에 따른 자산	9,891	9,432
이연법인세자산	27,097	30,830
기타	50,968	61,800
대손충당금	△5,317	△5,216
투자기타자산합계	491,528	492,904
고정자산합계	1,661,839	1,600,018
자산합계	2,443,773	2,348,166

재고자산

$$자기자본비율 = \frac{(946,083-562-264,859)}{2,348,166}$$
$$=29.0\%$$

	전기연결회계연도 2015년 1월 1일부터 2015년 12월 31일까지	당기연결회계연도 2016년 1월 1일부터 2016년 12월 31일까지
부채부분		
유동부채		
지급어음 및 외상매입금	142,052	135,801
단기차입금	128,160	89,934
기업어음(CP)	-	45,000
1년 이내 상환 예정 회사채	30,000	-
미지급주류세	84,904	80,513
미지급법인세 등	20,281	21,162
상여충당금	5,460	7,911
임원상여충당금	87	288
미지급비용	120,475	119,154
기타	134,490	150,675
유동부채합계	665,913	650,382
고정부채		
회사채	194,991	194,994
장기차입금	403,952	318,712
이연법인세부채	55,899	49,348
재평가에 따른 이연법인세부채	1,167	1,106
임원퇴직위로충당금	243	249
자동판매기수선충당금	2,964	3,263
환경대책준비금	1,036	619
소송손실충당금	18,018	20,299
공장재편손실충당금	3,203	2,988
퇴직급여에 따른 부채	59,034	67,390
수입보증금	56,701	55,491
기타	42,563	37,236
고정부채합계	893,775	751,700
부채합계	1,505,689	1,402,082
순자산부분		
주주자본		
자본금	102,045	102,045
자본잉여금	-	2
이익잉여금	545,711	629,024
자기주식	△2,103	△2,126
주주자본합계	645,653	728,945
기타포괄이익누계액		
기타유가증권평가차액	59,836	60,170
이연헤지(hedge)손익	2,396	△1,170
토지재평가차액	△2,020	△1,959
환율환산조정계정	△28,468	△86,607
퇴직급여에 따른 조정누계액	13,555	△18,716
기타포괄이익누계액합계	18,188	△48,282
신주예약권	430	562
비지배주주지분	273,810	264,859
순자산합계	938,083	946,083
부채순자산합계	2,443,773	2,348,166

유동부채보다
유동자산이 더 많다

이것이
자기자본

자사주취득은
마이너스 계상

그렇다면 기린은 유이자부채가 얼마나 있을까요?

유동부채 중 '단기차입금'이 899억 3,400만 엔, '기업어음(단기회사채)' 450억 엔. 고정부채 중 '회사채' 1,949억 9,400만 엔, '장기차입금' 3,187억 1,200만 엔이 있으므로, 합하면 6,486억 4,000만 엔이 됩니다.

이것은 순자산합계인 9,460억 8,300만 엔의 약 70%에 해당하는 금액이므로 안정성에는 전혀 문제가 없습니다. 손익계산서의 '이자비용(32쪽)'을 보면, 2015년 12월기 결산에서 약 200억 엔, 2016년 12월기 결산에서도 약 130억 엔으로, 비교적 많은 금액의 이자를 지급하지만 이것도 문제될 수준은 아닙니다.

반면, 무이자부채에는 어떤 것이 있을까요. 유동부채인 '지급어음 및 외상매입금'은 주요한 것 중 하나입니다. 이것은 상품이나 서비스 등을 미리 받고 향후 지급해야만 하는 돈입니다. 다시 말하지만 이것은 이자를 지급할 필요가 없습니다.

또한 향후 직원에게 지급해야만 하는 퇴직연금이나 퇴직금도 무이자부채로, '퇴직급여에 따른 부채'란 계정과목으로 고정부채에 계상됩니다.

당연한 얘기지만, 부채 액수가 너무 많아지면 유이자이든 무이자이든 상환하기가 매우 힘들어집니다. 특히 유이자부채가 증가하면 지급이자도 늘어나, 그 결과 기업의 안정성은 점점 악화되고 맙니다. 따라서 부채 금액과 함께 유이자부채의 금액에도 주의해야 합니다.

제1장에서, '자산'과 '부채'에 대한 설명은 여기까지입니다.

다음은 **'순자산부분'**에 대해 설명하겠습니다.

순자산의 대부분을 차지하는 '주주자본'이란?

복습하면, 순자산이란 상환 의무가 없는 자금의 조달원입니다. 이 '순자산부분'은 다음 쪽의 [1-12]처럼 크게 네 가지로 나누어집니다.

1-12 '순자산부분'의 구성

① 주주자본

② 평가, 환산 차액 (기타포괄이익누계액)

③ 신주예약권

④ 비지배주주지분

이 중에서도 가장 중요한 것은 역시 많은 기업에서 순

자산의 대부분을 차지하는 '주주자본'입니다. 이 주주자본에 관해서는 철저히 이해하는 것이 중요합니다. 제2장에서 자세히 설명합니다만, 주주자본은 ROE를 산출하는 계산식의 분모인 자기자본과 거의 동일하기 때문에 중요합니다. 즉, 'ROE=당기순이익÷자기자본(≒주주자본)'라고 할 수 있습니다.

또한 주주자본에는 **'자본금' '자본잉여금' '이익잉여금' '자기주식'**이란 항목이 있습니다. 따라서 '순자산부분'은 [1-12]와 같은 구조입니다. '자본금' '자본잉여금' '이익잉여금' '자기주식'. 이름이 비슷하여 혼란스러운가요? 하나씩 설명해보도록 하겠습니다.

'자본금'과 '자본잉여금'은 주주가 내주는 사업밑천

자본금과 자본잉여금은 둘 다 주주가 출자한 돈으로, 기업이 사업하기 위한 '사업밑천'입니다.

예전에는 자본금과 자본잉여금을 엄격히 구별했지만, 최근에는 그 경계가 희미해졌습니다. 그 영향으로 처음 회사를 만들 때 주주가 투입한 돈은 자본금이 되지만, 이후 기업이 **증자(기업이 새로운 주식을 발행하여 자본금이나**

자본잉여금을 늘리는 것)한 경우에는 보통 두 항목에 절반씩 넣습니다. 예를 들면 100억 엔을 증자한다면 자본금과 자본잉여금으로 각각 50억 엔씩 계상됩니다.*

참고로, 자본잉여금은 '주주가 투입한 돈'이기 때문에, 빼서 쓰려면 주주총회에서 3분의 2 이상이 찬성해야하는 '특별결의'가 필요합니다. 사업밑천을 허무는 일은 통상적인 일이 아니므로 주주에게도 특별한 동의를 받아야만 합니다. **

여기서 회계 초보자들은 종종 다음과 같은 질문을 합니다.

"만약 제가 도요타자동차 주식을 인터넷에서 전자증권으로 산다면, 이때 도요타자동차의 순자산 중 주주자본은 어떻게 됩니까?"

여러분은 어떻게 되리라고 생각합니까?

정답은 '아무런 변화가 없다'입니다. 만약 당신이 도요타 주식을 산다면, 보통은 시장에서 유통되는 주식을 사

---

* 한국은 액면가만큼의 금액은 자본금으로, 그 초과액은 자본잉여금으로 계상된다.
** 자본금 감소는 한국 상법(434조)에도 특별결의 사항으로 명시되어 있다.

게 됩니다. 이것은 도요타로부터 직접 주식을 사들인 것이 아니라, 도요타가 이미 발행한 주식을 지닌 누군가(임의로 A씨라고 합시다)로부터 사들인 것입니다.

다시 말해, 당신이 A씨에게 돈을 지급함으로써 A씨가 지녔던 주식이 당신에게 이전되는 것일 뿐이어서, 도요타로는 단 한 푼의 돈도 들어가지 않습니다.

마찬가지로 당신이 도요타 주식을 누군가에게 팔더라도 도요타로부터는 단 한 푼의 돈도 나오지 않습니다. 당연히 주주자본에는 아무런 영향이 없습니다. 어디까지나 기업이 증자를 한 경우에만 그 기업의 자본금, 자본잉여금의 숫자가 바뀝니다.

주주배당은 '이익잉여금'으로 지급한다

이제 이야기할 '이익잉여금'은 이익의 축적입니다. 최종 이익인 '(지배주주에 귀속되는) 당기순이익'이 발생하면 그 금액은 일단 모두 이익잉여금으로 들어갑니다. 전기까지의 이익잉여금에 이번 기의 순이익을 더하는데, 이것으로 손익계산서와 재무상태표가 연결됩니다([1-13] 참고).

앞에서 자본금과 자본잉여금은 '사업밑천'이라고 말했습니다만, 이익잉여금은 그 사업밑천을 사용하여 창출한 '열매'라고 할 수 있습니다.

주주에게 지급하는 배당은 이 이익잉여금으로 지급합니다. 이익잉여금이 마이너스인 상황에서는 배당을 못합니다. 반대로, **설사 적자가 발생했더라도 이익잉여금이 있으면 계속 배당할 수 있습니다.** 이익잉여금을 사용하는 배당은 주주총회에서 과반수가 찬성해야 하는 '일반결의'로 시행할 수 있습니다.

도요타자동차는 리먼 사태 이후 적자에 빠졌지만 그럼에도 배당을 계속했습니다. 이것은 이익잉여금이 풍족했기 때문입니다. 따라서 배당 여력을 알고 싶다면 이익잉여금을 보는 것으로, 배당을 얼마나 계속할 수 있을지를 예측할 수 있습니다.

1-13 재무상태표와 손익계산서의 연결

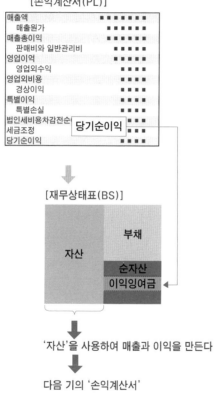

[손익계산서(PL)]

매출액	■ ■ ■ ■ ■ ■ ■
매출원가	■ ■ ■ ■ ■ ■
매출총이익	■ ■ ■ ■ ■
판매비와 일반관리비	■ ■ ■ ■ ■
영업이익	■ ■ ■ ■
영업외수익	■ ■ ■ ■
영업외비용	■ ■ ■ ■
경상이익	■ ■ ■ ■
특별이익	■ ■ ■
특별손실	■ ■ ■
법인세비용차감전순	■ ■ ■
세금조정	■ ■ ■
당기순이익	■ ■ ■

당기순이익

[재무상태표(BS)]

자산 / 부채 / 순자산 / 이익잉여금

'자산'을 사용하여 매출과 이익을 만든다

다음 기의 '손익계산서'

...

배당금을 지급하면 이익잉여금이 당연히 줄어들지만, 이 외에도 이익잉여금이 줄어드는 경우가 있습니다. 당기순이익이 마이너스(적자)인 경우입니다. 앞에서 순이익은 일단 모두 이익잉여금으로 들어간다고 설명했듯이, 마이너스인 경우에도 당연히 들어갑니다. 그렇게 되면 당기순이익이 마이너스이므로 이익잉여금은 줄어들고 맙니다.

'채무초과'란 어떤 상태인가?

최종손실(당기순이익이 마이너스)이 지속되어 이익잉여금이 바닥나면, 경우에 따라서는 마이너스가 되기도 합니다. 게다가 이익잉여금의 마이너스가 너무 커져 순자산합계도 마이너스가 되어버린 상태를 **'채무초과'**라고 부릅니다(이 경우 자기자본비율도 마이너스가 됩니다. 주주자본이 마이너스인 상태를 채무초과라 하는 경우도 있습니다).

다음의 [1-14]와 같이, '부채가 자산보다도 많아져버린 상태'를 일컫기도 합니다(부채의 초과분만큼 순자산이 마이너스이므로, 채무초과지만 재무상태표의 오른쪽과 왼쪽 부분은 일치합니다).

1-14 채무초과란?

▎ 순자산이 마이너스가 되어, 부채 > 자산인 상태

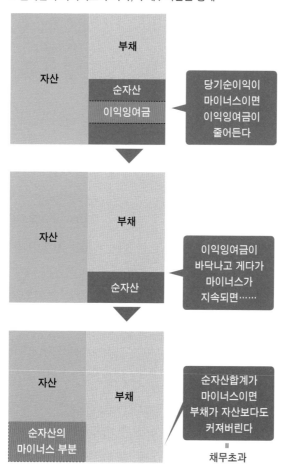

그렇다면 채무초과가 되면 기업은 바로 도산하고 마는 걸까요?

그렇지 않은 기업에 비하면 도산할 확률이 훨씬 높아지지만, '채무초과 = 도산'은 아닙니다. 앞서도 설명했듯이, 기업의 도산은 어디까지나 '유동부채를 상환할 수 없을 때'입니다. 채무초과인 기업이라 하더라도 유동부채를 상환할 수 있다면 도산하지 않습니다.

다만 채무초과가 되면 금융기관에서 대출받기가 상당히 어려워집니다. 또한 상장기업이라면 상장이 폐지되어버리는 문제도 있습니다. 예를 들면, 도쿄 증권거래소에서는 2년 연속 채무초과이면 상장이 폐지됩니다.*

채무초과 사례를 보면, 도시바는 "2017년 3월기 결산에서 5,400억 엔에 이르는 채무초과에 빠져들 전망이다"라고 그해 5월 중순에 발표했습니다. 따라서 1년 후인 2018년 3월기 결산에서 채무초과 상태를 해소하지 못하면 상장은 폐지되고 맙니다. 이를 막기 위해 도시바는 반도체 자회사의 매각을 결정했으나 2017년 5월 말 현재 매각처를 아직 정하지 못한 상황입니다.**

---

* 한국의 상장폐지 기준에는 2년 연속 자본잠식률 50% 이상 등이 있다.
** 결국 도시바는 2018년 8월 도쿄 증권거래소 1부에서 2부로 강등되었고, 도시바 메모리는 한미일 연합의 베인캐피털에 지분 일부를 매각했다.

마지막으로 '자기주식'은 기업이 스스로 보유하고 있는 자사주입니다. 기업도 시장에서 유통되는 자사의 주식을 매입합니다(이것을 **자사주매입**이라고 부릅니다). 자기주식을 취득하는 일은 시장에서 주식을 사는 것이므로 그만큼 주가가 오르기 쉬워집니다. 자기주식은 향후 '소각'할 가능성이 높아, 미래에는 주당 이익 등이 증가하므로 주가가 상승할 가능성이 커집니다. 주주환원의 일종입니다.

여기서 매우 중요한 것은 '자기주식'은 주주자본에 마이너스 항목으로 계상된다는 점입니다([1-11]에서 기린의 재무상태표를 보면, 자기주식이 마이너스로 되어 있네요).

이것은 ROE와 밀접하게 관련된 부분으로 제2장에서 다시 설명합니다(104쪽). 여기서는 '**자사주매입을 하면 주주자본이 마이너스 항목으로 계상되어 순자산의 합계가 그만큼 줄어든다**'라는 점만 기억하기 바랍니다.

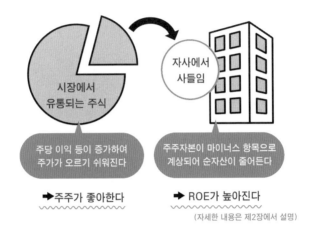

➡ **주주가 좋아한다**

➡ **ROE가 높아진다**

(자세한 내용은 제2장에서 설명)

주주자본 설명은 여기까지입니다. 마지막으로 정리하며 복습해봅시다.

'자본금'과 '자본잉여금'은 주주가 출자한 사업밑천이고, '이익잉여금'은 그 밑천으로 창출한 이익의 축적이라고 했습니다.

그리고 자본금과 자본잉여금과 이익잉여금을 더하고, 기업 자신이 지닌 자사주, 즉 '자기주식'을 뺀 것이 **주주자본합계**가 됩니다.

순자산 중 주주자본 외의 세 가지(② 평가, 환산 차액, ③ 신주예약권, ④ 비지배주주지분)는 대부분의 기업에서 그다지 큰 금액이 아닙니다. 따라서 이번 설명은 조금 편한 마음으로 읽어도 괜찮습니다.

먼저 '② **평가, 환산 차액**(기타포괄이익누계액)'입니다. 앞서 설명했듯이, 재무상태표의 '자산부분'은 원칙적으로 자산을 취득했을 당시의 가격으로 기재합니다. 하지만 예외가 있습니다. 유가증권이 그것으로, 상장기업은 결산 시점의 시가로 기재하는 것이 의무화되어 있습니다. 이른바 '시가회계'입니다.

그렇게 하면 자산부분은 주가에 따라 늘어나거나 줄어듭니다. 그만큼의 차액을 조정하는 것이 '② 평가, 환산 차액' 중의 '기타유가증권평가손익'입니다. 마찬가지로 해외 자회사 등이 있는 경우에도 환율변동에 따라 환산 자산액이 늘어나거나 줄어듭니다. 이것을 조정하는 것이 '환율환산조정계정'입니다.

'③ **신주예약권**'은 한마디로 말해, '어떤 금액으로 주식을 살 권리'입니다. 즉 이것이 있으면, 사전에 정해진 가격으로 주식을 매입할 수 있습니다. 따라서 이것은 향후 주식으로 전환될 가능성이 있습니다. 대부분이 스톡옵션이라 불리는 것들입니다. 이 권리를 사기위해 지급한 돈이 여기에 계상됩니다.

마지막으로 '④ 비지배주주지분'입니다(예전에는 '소수주주지분'으로 불렸습니다).

자회사가 있는 경우, 재무제표의 모든 항목에서 모회사, 자회사를 합산(연결)합니다(자세한 설명은 뒤의 칼럼을 참고바랍니다). 당연히 자회사의 순자산과 모회사의 순자산도 모두 합산합니다.

그 자회사가 100% 자회사라면 그로 인해 아무런 문제도 발생하지 않지만, 다른 주주가 더 있다든지 등 그렇지 않은 경우라면 문제가 발생합니다. 자회사의 순자산 중 일부는 본래 다른 주주(비지배주주)의 지분이기 때문입니다.

예를 들어 모회사가 51%의 지분을 보유한 자회사의 계정을 모두 합산할 때, 순자산의 경우는 모회사의 것이 아닌 다른 주주의 49% 몫까지 합산한 셈이 됩니다. 처음부터 51%만큼만 합산한다면 이야기가 간단해지지만,

편의상 자회사의 계정과목은 100% 합산합니다. 따라서 본래는 모회사의 것이 아닌 순자산을 '비지배주주지분'으로 구분하여 따로 계상합니다.

이상이 순자산에 대한 설명입니다.

'자회사'와 '관계회사'의 차이점은?

기업의 재무제표를 보면 때때로, 제목이 '연결재무제표' '연결재무상태표' '연결손익계산서'라고 쓰여 있습니다. 이 '연결'이란 어떤 의미일까요?

답 하자면, 그룹 전체, 즉 자회사의 계정과목을 합산했다는 의미입니다. 관계회사의 수익도 일부 포함합니다.

그렇다면 자회사와 관계회사의 차이점은 무엇일까요? 회계 세미나에서 이런 질문을 청중들에게 던지면 종종 다음과 같이 대답합니다.

"어느 정도의 비율로 출자하고 있는지에 따라, 자회사와 관계회사로 나뉩니다."

안타깝게도 이것은 초보자의 답변입니다. 좀더 공부한 사람은 다음과 같이 답변합니다.

"50%를 초과하는 의결권을 가지는 경우를 자회사, 20~50%의 지분을 지닌 경우를 관계회사라고 합니다."

확실히 틀린 답변은 아닙니다. 꽤 정답에 근접했습니다. 다만 이것은 자회사인지 관계회사인지를 판단하는 기준일 뿐입니다. 진짜 중요한 점은 '이렇게 판단한 자회사와 관계회사가 회계상으로는 어떻게 처리되는가'입니다.

여러분은 앞의 답변과 더불어 다음을 기억해주기 바랍니다.

'자회사는 재무상태표, 손익계산서, 현금흐름표에 있는 모든 계정과목에서 모회사와 자회사간 거래를 상쇄시킨 뒤 합산(연결)한다. 관계회사는 합산(연결)하지 않는다'

예를 들면, 모회사의 매출이 2,000억 엔, 자회사는 500억 엔인 경우, 연결손익계산서의 매출액은 '2,000억 엔 +500억 엔 = 2,500억 엔'이 됩니다. 물론 비용과 이익도 마찬가지로 합산합니다.

단, 모회사와 자회사 간 거래는 상쇄되는 점에 주의하기 바랍니다. 이 예시에서 만약 자회사가 모회사에서 100억 엔의 매출을 올린 경우, 자회사 쪽은 매출이 되고 모회사 쪽은 매입이 됩니다. 연결손익계산서에서는 이 금액이 상쇄되어 연결매출액은 '2,500억 엔-100억 엔 = 2,400억 엔'으로 계상됩니다. 이 거래는 외부거래가 아니기 때문입니다. 재무상태표, 현금흐름표의 각 계정과목도 마찬가지입니다. 모회사와 자회사 간 거래를 제외한 모든 수치를 합산합니다.

그렇다면 관계회사는 회계상 어떻게 처리될까요. 관계회사 각각의 계정과목은 모회사의 재무제표에는 합산되지 않습니다. 단, '지분법'에 따라 계산된 이익이, 모회사의 연결손익계산서에서 영업외수익(손실인 경우에는 영업외비용)으로 계상됩니다. 지분법이란 일정 분량 이상의 의결권을 가진 회사(관계회사, 일부는 자회사)에 대해 그 지분에 해당하는 이익(손실)을 계상하는 것입니다. 규모가 작은 자회사에 관해서는 연결이 아닌, 지분법이 적용될 수 있습니다.

예를 들어 40%의 지분을 지닌 관계회사가 있다고 합시다. 그 관계회사가 10억 엔의 순이익을 벌었다면, 10억 엔의 40%에 해당하는 4억 엔이 연결손익계산서의 영업외수익에 '지분법에 따른 투자이익'으로 계상됩니다.

관계회사인지 자회사인지는, 연결결산을 할 때 큰 차

이를 만듭니다. 자회사인 경우에는 모회사와 자회사간 거래를 제외한 후 각각의 계정과목을 모두 합산한다고 설명했습니다. 이때 만약 자회사가 많은 대출금을 안고 있다면 이것 역시 모두 합산해버립니다. 하지만 관계회사라면 대출이 얼마나 있는지 전혀 모릅니다. 어디까지나 지분법에 따른 투자이익과 손실만이 연결손익계산서에 계상됩니다.

예전에는 이 구조를 악용한 기업이 적지 않았습니다. 무슨 말인가 하면, 만약 자회사에 부채가 많은 경우, 연결하여 합산하면 연결재무제표의 내용이 악화되어 버립니다. 여기서, '부채가 많은 자회사를 관계회사로 만들어버리면 연결하지 않아도 된다'라고 생각한 기업이 생겨난 것입니다.

50%를 초과하는 의결권을 지니면 자회사가 되므로, 49%인 회사는 아슬아슬하게 자회사가 아닌 관계회사가 됩니다. 따라서 의결권 비율을 50% 미만으로 내려버리면 거액의 부채를 숨길 수 있게 되는 것입니다.

이러한 악용을 막기 위해 일본에서는 2000년 3월기부터 국제회계기준의 일부를 도입하여, 연결규칙을 엄격하게 바꿨습니다.* 어떻게 바뀌었는지를 구체적으로 설명하자면, 연결결산이 '주主', 모회사 개별결산이 '종從'으로 자리매김했다는 점입니다. 이전에는 모회사의 개별결산이 '주'로 중시되고 연결결산은 덤에 지나지 않았습니다.

또 하나 바뀐 점은 **의결권이 50%를 밑돌더라도 실질적으로 '지배'한다고 간주되면 연결처리를 해야만 한다**는 규칙이 생겼습니다.

예를 들어 40%의 의결권을 지닌 회사가 있다고 합시다. 모회사는 대대로 그 회사에 사장을 내려보냈고 임원진의 과반수가 모회사에서 온 사람들이어서, 실질적으로 모회사의 지배를 받는 상황이라고 합시다. 이런 경우, 만약 그 회사가 망하더라도 "관계회사이므로 모회사는 상관이 없다"라고 말하지는 못하겠지요.

이처럼 모회사가 실질적으로 지배한다고 인정되는 경우에는 자회사로 연결처리를 해야만 하도록, 지배하는지 여부로 자회사인지를 판단하도록 했습니다.

덧붙이자면, 자회사를 지배하는 모회사를 **'지배주주'**, 모회사 이외의 주주를 **'비지배주주'**라고 부릅니다.

---

* 국내도 국제회계기준IFRS를 도입하며 자회사 기준을 엄격히 변경했다. IFRS는 2011년부터 상장기업에 의무 적용되었다

제2장

주목받는 경영지표 'ROE'를 완전히 이해한다

- 'ROA'와의 차이점은?
- ROE를 높이려면 어떡해야 하는가?

드디어 핵심지표인 ROE와 ROA의 설명을 시작합니다. 제1장에서 공부한 재무상태표와 손익계산서의 기초 지식을 토대로 설명하겠습니다.

좀더 전문적인 내용이지만 그다지 어렵지는 않으므로, 천천히 읽다보면 확실히 이해할 수 있습니다. 안심하고 따라와 주세요.

'ROE(자기자본이익률)'란 무엇인가?

ROE란 'Return On Equity'의 약자로 **주주가 기업에 출자한 돈을 사용하여 얼마큼의 이익**Return**을 벌어들이는가**를 보는 지표입니다(비율이므로 '%'의 형태로 표시합니다). ROE의 계산식은 다음과 같습니다.

ROE = 당기순이익 ÷ 자기자본(≒주주자본)

당기순이익과 주주자본은 제1장에서 이미 설명했으므로 괜찮지만, '자기자본'이란 단어의 등장에는 당혹스

러운 분이 있을지도 모르겠습니다. 하지만, 이것은 '주주자본'과 거의 같은 말입니다. 뒤의 칼럼(87쪽)에서 둘의 차이점을 설명하겠지만, 같은 것으로 여기고 읽어 나가도 무방합니다. 요점은 '기업이 주주로부터 맡은 돈'이라는 점입니다.

따라서 이 ROE 수치가 높은 기업이란, '주주로부터 맡은 돈을 사용하여, 효율적으로 이익을 벌어들이는 기업'이라 할 수 있습니다.

또한 ROE를 계산할 때의 주의점은 반드시 '당기순이익'을 사용한다는 점입니다. 주주에게 귀속되는 이익은, 영업이익도 경상이익도 아닌 당기순이익이기 때문입니다.

여기서는 우선 정의만 기억해주기 바랍니다. 뒤에서 이것이 어떤 의미를 지니는지 자세히 설명합니다.

'ROA(순자산이익률)'란 무엇인가?

이어서 ROA를 설명하겠습니다. 이것은 'Return On Asset', 즉 '기업이 자산Asset 대비로 얼마큼의 이익을 창출하는가'를 나타내는 지표입니다(ROE와 마찬가지로 '%'의 형태로 표시합니다).

자산	부채
● 현금과 예금 ● 유가증권 ● 상품, 제품의 재고 ● 공장 등의 건물 ● 토지 ● 기계 …	● 은행에서 빌린 돈 ● 회사채 ● 충당금 …
	순자산 ● 주주로부터 받은 돈 ● 이익의 축적 …

기업은 이것들로부터
매출과 이익을 창출한다

'자산'에 관해서는, 제1장에서 설명한 재무상태표의 구조를 떠올려 보기 바랍니다. 왼쪽의 '자산부분'에는 그 기업이 보유한 여러 가지 자산이 정리되어 있습니다. 현금과 예금을 비롯해 유가증권, 상품 등의 재고, 토지 또는 제조업이라면 공장, 철도회사라면 철로와 건물 등, 기업이 사업을 행하는데 필요한 '재산'이 열거되어 있지요.

기업은 재무상태표의 왼쪽에 있는 '자산'을 사용하여 '매출'을 올립니다. 제1장에서 본 바와 같이, 손익계산서에서는 이렇게 벌어들인 매출액에서 비용을 차감하여

'이익'을 산출합니다.

이에 입각하여, ROA 계산식을 봐주기 바랍니다.

> ROA = 이익÷자산

여기서 '이익'은 손익계산서의 영업이익, 경상이익, 당기순이익 중 어느 것을 사용해도 상관없습니다. 자산을 활용하여 본업에서 얼마큼의 이익을 벌었는지 알고 싶으면 '영업이익'을, 주주에 귀속되는 이익과 비교하려면 '당기순이익'을 대입하면 됩니다.

어느 이익을 사용하더라도, ROA가 높은 기업일수록 단위 자산당 이익을 효율적으로 벌어들이는 기업이라고 할 수 있습니다.

두 가지 정의를 정리하면, ROE와 ROA의 분자는 모두 이익(단, ROE의 경우엔 반드시 '당기순이익'을 사용)이고, 분모는 ROE가 '자기자본(재무상태표의 오른쪽 아래의 순자산 중 일부)', ROA는 '자산(재무상태표의 왼쪽 전체)'입니다. 다음의 [2-2]를 보며 복습해보기 바랍니다.

2-2 ROE와 ROA의 계산식

▌ROE 계산식

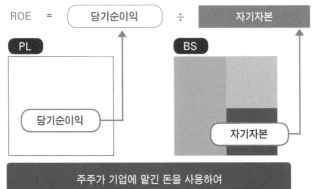

ROE = (당기순이익) ÷ 자기자본

PL

당기순이익

BS

자기자본

> 주주가 기업에 맡긴 돈을 사용하여
> 얼마큼의 이익을 벌어들이는가를 보는 지표

▌ROA 계산식

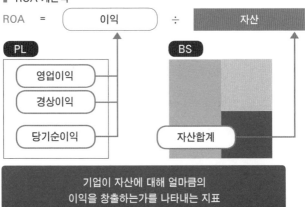

ROA = (이익) ÷ 자산

PL

영업이익
경상이익
당기순이익

BS

자산합계

> 기업이 자산에 대해 얼마큼의
> 이익을 창출하는가를 나타내는 지표

'주주자본' '자기자본' '순자산'의 차이점은?

여기서 재차 이 세 가지의 차이점을 정리하고자 합니다. 2006년 5월에 '회사법'이란 법률이 시행되었습니다.* 기존의 상법 제2편 중 '회사'를 분리, 개편한 법률입니다. 회사의 설립, 해산, 운영과 자금 조달 등 이른바 '회사의 구조'를 정한 법률이기도 합니다. 이 법률은 세칙에서 재무상태표의 표시 방법을 새롭게 규정했고, 동시에 '주주자본' '자기자본' '순자산'의 차이점도 명확해졌습니다.

회사법이 시행되기 전까지는 이 세 가지의 경계가 모호해 동일한 것으로 간주했습니다.

그러던 것을 회사법에서는 명확히 정의합니다. 순자산부분을 '① 주주자본' '② 평가, 환산 차액' '③ 신주예약권' '④ 비지배주주지분' 이렇게 네 가지로 나누는데(82쪽 참고), 이를 기반으로 정리하면 다음과 같습니다.

주주자본 = ① 주주자본

자기자본 = ① 주주자본+② 평가, 환산 차액

순자산 = ① 주주자본+② 평가, 환산 차액

+③ 신주예약권+④ 비지배주주지분

---

* 국내 상법은 일본법을 근간으로 하는 경우가 많아 한국의 회사법도 일본의 회사법과 유사하다.

2-3 주주자본, 자기자본, 순자산의 차이점

순자산부분		호칭		
① 주주자본	자본금	주주자본 =①	자기자본 (주주지분) =①+②	순자산 = ①+②+ ③+④
	지본잉여금			
	이익잉여금			
	자기주식			
② 평가, 환산 차액				
③ 신주예약권				
④ 비지배주주지분				

자기자본비율이나 ROE를 계산할 때, 앞서 설명했듯이 대부분의 기업은 자기자본 대신 주주자본이나 순자산을 사용하더라도 숫자에 별로 차이가 없습니다. 따라서 그다지 신경 쓸 필요는 없습니다. 실제 제1장에서 언급했듯이, 저는 평소에 자기자본비율을 '순자산÷자산'으로 계산합니다.

하지만 ROE를 계산할 때는 좀더 엄격하게 고려하는 편이 낫다고 생각합니다. 그래서 이 책에서는 '당기순이익÷자기자본(=① 주주자본+② 평가, 환산 차액)'의 식을 채용했습니다.

주주는 다양한 경영지표 중에서도 ROE를 중요시합니다. 특히 기관투자자라면 더욱더 그렇습니다. 이유는 단순해서, **ROE를 보면 '그 기업이, 자신들(주주)이 기업에 맡긴 돈으로 이익을 얼마나 효율적으로 벌고 있는지' 알 수 있기** 때문입니다. 단순하지만 그뿐입니다.

만일 당기순이익이 100억 엔인 기업이 두 군데 있는데, 그중 A사는 자기자본이 1조 엔, B사는 자기자본이 500억 엔이었다고 합시다. 어느 쪽의 ROE가 높은지는 바로 알 수 있습니다. A사의 ROE는 1%, B사의 ROE는 20%입니다([2-4] 참고).

주주라면 이익의 절대치는 같아도 500억 엔의 자기자본으로 100억 엔의 이익을 벌어들인 B사 쪽이 압도적으로 경영을 잘했다고 판단하겠지요.

또한 당기순이익은 배당의 원천입니다. 제1장에서 설명한 대로 당기순이익은 재무상태표의 '이익잉여금'으로 일단 들어갔다가, 그곳에서 주주에게 배당금으로 지급됩니다(65쪽 참고). 따라서 주주라면 회사에 맡긴 자신의 돈을 가지고 당기순이익을 효율적으로 벌어들이는 B사 쪽을 높이 평가하겠지요.

주주라 해도, 개인투자자 중에는 "ROE를 신경 쓰지 않는다" "애당초 ROE가 뭔지 모른다"라는 사람도 있을지 모릅니다.

하지만 기관투자자는 다릅니다. 그들은 기업이 '주주가 맡긴 돈으로 얼마나 효율적으로 경영을 했는가'를 굉장히 신경 쓰기 때문에 이를 확인할 수 있는 ROE를 매우 중요하게 여깁니다. 참고로 기관투자자란 생명보험사나 연금을 운용하는 연금펀드, 은행과 같은 금융기관 등입니다. 그들은 개인과는 비교가 안 될 정도로 막대한 투자를 하므로 금융시장에 미치는 영향이 매우 큽니다.

이런 와중에 ROE가 낮은 상태이면 어떻게 될까요.

ROE가 낮다는건 주주가 맡긴 자금에 대한 이익이 저조하다는 의미이므로, ROE가 높은 기업에 비해 주가가 저조한 경향이 있습니다. 투자자로서는 배당과 함께 주가 상승을 바라기 때문에, 저조한 주가는 투자자가 원하는 바가 아닙니다.

또한 주가가 저조하면 기업의 시가총액이 낮아지므로, 다른 기업이나 펀드 등에 인수되기 쉬워져버립니다. 따라서, 특히 상장기업의 경영자는 ROE를 무시할 수가 없습니다.

2-4 주주가 ROE를 중요시하는 이유

▌당기순이익이 같은 금액이어도……

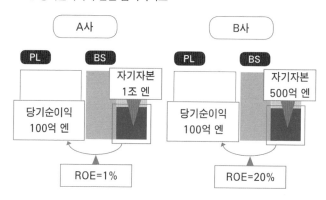

| A사 | B사 |

적은 자기자본(=주주가 맡긴 돈)으로 더욱 많은 이익을 내는 기업 쪽이 경영을 잘했다고 할 수 있다

▌ROE가 낮으면……

투자자(특히 기관투자자)에게서 낮은 평가를 받는다

▼

ROE가 높은 기업에 비해 주가가 침체되기 쉽다

▼

기업의 시가총액이 낮아져 인수당하기 쉬워진다

▼

경영자는 ROE를 무시할 수 없다

　본론에서 약간 벗어납니다만, 여기서 ROE와 언뜻 비슷해 보이는 'ROI^Return On Investment, 투자수익률'를 설명하고자 합니다. 이것은 경영지표는 아니고, 투자자가 '자신이 투자한 금액에 대해 얼마큼의 이익을 얻을 수 있는가'를 나타내는 지표입니다.

　예를 들면, 어떤 투자자가 100만 엔 규모의 주식투자를 했는데 이것이 1년 후 배당과 주가 상승을 합해 110만 엔이 되었다고 합시다. 이 경우 '(110만 엔-100만 엔)÷100만 엔 = 10%'의 이율이 산출되는데, 이것이 ROI입니다. 어렵지 않지요.

　ROE는 어디까지나 '자기자본'을 기반으로 '순이익'을 얼마나 창출하는지를 보는 지표이므로, 실제 개개인의 투자자가 얼마큼의 수익을 올리는지는 알 수 없습니다.

　ROE가 10%이더라도 주가 변동이나 배당액에 따라서는 100만 엔을 투자한 것이 200만 엔이 될(이 경우 ROI는 100%) 가능성도 있습니다. ROE는 어디까지나 자기자본에 대한 이익률을 보여주므로, 그것은 어느 투자자에게나 일률적으로 경영의 좋고 나쁨을 판단하는 재료가 됩니다.

반면 ROI는 투자자마다 제각각입니다. 같은 날 똑같이 투자한다면 ROI가 같겠지만, 일반적으로는 투자한 날도 주가도 각각 다르므로 ROI 숫자는 달라집니다.

투자자에게 있어 더욱 중요한 것은 ROE일까요, 아니면 ROI일까요. 그것은 단연 ROI입니다. '투자해서 결국 자신이 얼마나 벌었는지'를 그대로 보여주니까요.

그렇다면 투자자는 어째서 ROE도 중요시하는 것일까요? 그것은 개별 투자자가 각각의 ROI를 들고 나오더라도, 기업의 효율성(즉 경영의 좋고 나쁨)을 일반적으로 판단하고 평가할 수는 없기 때문입니다. 또한 ROE가 높을수록, 낮은 기업보다는 배당이 많거나 주가가 오를 가능성이 커지므로 결과적으로 ROI도 높아지리라 생각하기 때문입니다.

또 다른 시각에서 보면, ROE의 변동은 경영진의 책임입니다. 경영자가 경영을 잘하면 ROE가 오르고, 부진하면 떨어집니다.

반면 ROI는 투자자가 언제 사는지(또는 언제 파는지)에 따라서도 좌우되므로 투자자 측 책임도 큽니다. 다만 경영을 잘해서 ROE가 오르면 ROI도 오를 가능성이 높아지므로, 투자자 입장에서는 경영진에게 ROE의 향상을 기대하게 됩니다.

어째서 최근 일본에서는 'ROE'가 주목받는가?

지금까지의 설명으로, 주주와 경영자가 ROE를 매우 중요시하는 이유를 이해했으리라 생각합니다. '들어가는 말'에서도 언급했듯이, 최근 일본의 경제신문에서는 'ROE'란 단어가 눈에 띄지 않는 날이 없을 정도입니다.

하지만 여기서 한 가지 의문이 듭니다. 그토록 중요한 경영지표라면 좀더 일찍 주목받았어야 했습니다. ROE는 자체는 특별히 새로운 지표가 아닙니다. 저는 30년도 더 전에 미국 경영대학원에서 이 지표를 배웠습니다.

사실 ROE는 1990년대 중반에도 시장에서 큰 주목을 받았습니다.

일본에서는 버블경제 붕괴 이전에 기업 주식의 대부분을 거래업체나 은행이 지니고 있었습니다. 말하자면 동료들끼리 주식을 서로 나누어 가진 상황이었습니다. 이것을 '상호주식보유'라고 합니다.

이들은 당연히 서로의 경영에 대해 논란을 일으키지 않습니다. 입도 벙긋 않는 '말하지 않는 주주'*가 되었습니다. 그 결과 경영자는 설사 주주가 기대하는 만큼의 이익을 내지 못하더라도 어느 정도는 마음대로 경영할 수가 있었습니다. 또한 주주환원에 대해서도 지금만큼 진지하게 고민하지 않았습니다. **'주주를 고려한 경영'을 하지 않았던 것**입니다.

하지만 버블이 붕괴되면서, 체력을 상실한 기업과 은행이 보유주식을 매각했고 상호주식보유 구조가 와해되었습니다. 그 대신 주식의 보유 비율이 급속히 높아진 것은 '외국인 투자자'였습니다. [2-5]에서와 같이, 지금은 외국인 주식보유 비율이 과반을 넘는 기업도 많습니다.

외국인 투자자가 증가함에 따라, 당연히 "더욱더 주주를 고려한 경영을 하라"는 목소리가 강해졌습니다. 그들은 일본기업에 다음과 같이 요구했습니다. "기업은 적극적으로 투자하고, 효율적으로 이익을 창출하도록 노력하여, 주주의 이익이 높아지도록 경영해야한다" 그래서 '주주가 맡긴 돈을 사용하여 얼마나 효율적으로 이익을 창출했는지'를 보는 ROE에 주목했던 것입니다.

---

* 일본 특유의 상호주식보유 구조로 인해, 주주로서의 권리를 적극적으로 행사하지 않았던 주주를 일컬음.

하지만 ROE를 중시한 90년대의 경영이 일본기업 전반에 널리 정착되지는 않았습니다. 실제 그후로도 일본기업의 ROE는 유럽과 미국기업에 비해 계속 낮은 상태였습니다.

2-5 외국인 보유주식 비율이 높은 기업

기업명	외국인 보유주식 비율
중외제약	76.6%
돈키호테 홀딩스	72.2%
샤프	71.8%
닛산자동차	69.6%
스카이락	66.2%
오릭스	58.8%
일본 맥도날드 홀딩스	57.6%
소니	56.6%
미쓰이 부동산	51.8%
양품계획MUJI	50.7%

※ 수치는 2017년 5월 17일 기준(소수점 둘째 자리 반올림)

예를 들면, 2016년도의 **도쿄증시 1부 상장기업의 평균 ROE는 약 8%인데**, 유럽과 미국기업의 평균은 10~15% 입니다. 이전보다 높아졌지만 유럽과 미국기업에 비해서는 아직까지도 꽤 낮은 수준입니다. *

그럼 어째서 최근 들어 'ROE'란 말이 이토록 자주 언급되는 걸까요?

가장 큰 계기가 된 것은 2014년 8월에 발표된 **'이토보고서'**입니다.

이토보고서는 일본의 경제산업성이 중심이 되어 진행한, '지속가능한 성장을 위한 경쟁력과 인센티브-기업과 투자자의 바람직한 관계 구축 프로젝트'의 최종 보고서입니다. 이 프로젝트의 총책임자가 당시 히토쓰바시대학의 대학원 교수였던 이토 쿠니오 선생의 이름을 본따보통 '이토보고서'라고 부릅니다.

도대체 이 보고서에는 무엇이 쓰여 있었을까요?

버블이 붕괴된 1990년 이후, 일본 경제는 급속히 침체되어 오랫동안 저성장이 이어졌습니다. 이토보고서는 이에 대한 가장 큰 원인을 일본 기업의 낮은 이익효율으

---

* 2017년 평균 ROE는 일본 10.4%, 한국 9.7%, 유럽과 미국의 우량기업 15% 이상.

로 봤습니다. 그래서 이 보고서는 '**일본 기업은 ROE 8%를 하한선으로 두고, 그 이상을 목표로 해야 한다**'라는 구체적인 목표를 제시했습니다(이익효율과 ROE의 직접적 관계에 관해서는 116쪽의 'ROE 분해식' 부분에서 자세히 설명합니다. ROE의 계산식을 분해하면 더 깊은 내용을 볼 수 있습니다).

또한 일본 기업이 '이익창출력'을 회복하기 위해서는, 기업과 투자자의 관계를 대립이 아니라 협력하는 것으로 받아들여, 경영자와 투자자가 더욱 대화해야 한다는 제언도 내놓았습니다.

지금부터는 저의 해석입니다만, 이것은 투자자도 기업의 성장을 촉구하는 대화를 해야 하는 것과 동시에 기업도 주주 편에서 더욱 주주를 고려한 경영을 해야 한다는 의미라고 생각합니다. 앞서도 얘기했지만, 일본 기업은 예전부터 내부지향이 강하여 주주를 고려하지 않는다는 지적이 계속 있었습니다.

예를 들면, 이사란 본래 주주의 대리인으로, 경영진(사장 이하 집행임원)이 제대로 경영하는지를 '감독'하는 역할이지만, 일본 기업의 이사에게선 그런 책임감이 별로 느껴지지 않았습니다. 사장 초기 시절부터 보필해온 임원도 있어, 경영자와 이사의 관계가 적당히 타협적인 회사는 아직도 많다고 생각합니다.

반면, 미국의 기업에서는 특히 이사 중 대부분이 사외이사인 경우도 많습니다. 그런 까닭에 경영자가 올바른 의사결정을 하고 착실하게 성과를 내는지에 대해 엄격히 묻습니다. 경우에 따라서는 즉석에서 해임하기도 합니다. 이런 상태를 '기업지배구조가 효율적이다'라고 말합니다.

글로벌 경영의 시대에, 일본 기업도 타협적인 경영 대신, 지배구조를 더욱 강화하고 그에 따라 수익성을 높이는 주주 중시의 경영을 하지 않으면 해외로부터의 투자가 모이지 않는 상황입니다. 거꾸로 말해, 이런 경영을 하면 투자도 모이고 기업의 수익성도 더욱 높아져, 일본 경제 전체도 더욱 활성화되리라는 것이 이토보고서의 주요 취지였다고 생각합니다.

이 제언에 호응하듯, 최근 금융기관이 움직이기 시작했습니다. 일본 주식에 투자 중인 국내외 기관투자자에게 기업과의 대화를 촉구하는 '일본판 스튜어드십 코드'*와 기업 지배구조 강화를 위한 '기업지배구조에 관한 통

---

* 기관투자자 의결권 행사 지침.

치 지침'을 제정했습니다.

전자는 2014년 2월 도입되었습니다. 이것은 기관투자자에 대한 지침으로, 기관투자자는 기업의 중장기적 발전을 촉진하기 위한 대화를 중시해야 한다는 내용입니다. 그리고 후자는 기업에 대한 지침으로 2015년 6월 도입되었는데, '도쿄 증권거래소에 상장된 기업은 독립된 사외이사를 2인 이상 두어야 함' 등을 요구합니다.

ROE가 계속 저조하면 사장은 해고될까?

외국인 투자자에게 영향력이 강한, 세계 최대 규모의 의결권 행사 자문사인 ISS Institutional Shareholder Services*도 대담한 지침을 내놓았습니다. 2015년 판 「의결권 행사 자문 지침」을 보면, ISS는 "과거 5년간의 평균과 최근 결산기의 ROE가 모두 5% 미만인 기업에 대해서는 최고경영진의 이사선임 안건에 반대하도록 주주에게 권한다"는 지침을 발표했습니다. 즉, **과거 5년 평균 ROE가 5%를 밑돌면 사장을 해임하도록 압박한다**는 내용입니다. 이 지침은 그후로도 바뀌지 않고 있습니다.

---

* 미국 모건스탠리캐피털인터내셔널MSCI의 자회사로, 기업의 주주총회 안건을 분석하여 투자 결정을 돕는 전문업체.

또 한 가지, 2014년 1월에 만들어진 새로운 주가지수 'JPX닛케이400'의 존재도 ROE 중시의 흐름에 박차를 가했습니다. 이 주가지수는 일본경제신문사, 일본거래소그룹, 도쿄 증권거래소가 공동으로 개발한 것인데, 3년 평균 ROE와 누적영업이익, 기준시점의 시가총액 등을 고려하여 상위 400개 종목을 선택한 지수입니다.

이 주가지수가 중요한 이유는, 일본은행이 매입하여 조성한 상장지수펀드ETF*에 JPX닛케이400도 추가한다고 발표했기 때문입니다. 또 일본의 공적연금을 운용하는 연금적립금관리운용독립행정법인GPIF에서도 이것을 운용지수 중의 한 가지로 추가했습니다.

일본은행은 대담한 금융완화의 일환으로, ETF를 월 평균 수천억 엔 규모로 매입하기도 했습니다. 또한 140조 엔 이상의 운용자산을 지닌 GPIF도 12%였던 일본주식의 운용 비율을 2014년에 25%까지 끌어올리며, 거액의 자금을 주식시장에 투입했습니다. 따라서 JPX닛케이400의 종목으로 선정되면 그 종목은 당분간 주가가 오르기 쉬워집니다.

이러한 배경 때문에, 기업으로서는 **JPX닛케이400에**

---

* KOSPI200지수와 같이 특정 주가지수의 수익률을 따라가는 주가지수연동형 펀드.

선정되는지 여부가 향후 주가의 향방을 좌우하는 포인트가 된 셈입니다. 이 지수에 포함되려면 반드시 ROE가 높아야하므로, 이런 의미에서도 기업은 ROE를 중시하게 됩니다.

이런 흐름 속에서 일본의 상장기업은 잇달아 구체적인 ROE 수치 달성을 경영목표로 내걸었습니다.

회사가 ROE 수치를 경영목표로 내건다는 것은, '앞으로는 주주의 존재를 지금보다 더욱 중요하게 받아들이겠습니다' '주주의 수익을 중요하게 여기겠습니다'라는 메시지이기도 합니다.

이와 같은 일이 신문 등에 보도되며, 대중들이 ROE라는 말을 접할 기회가 많아졌습니다.

'ROE가 높은 기업=우량 기업'은 정말일까?

이 소제목을 읽고서 의외라고 생각한 사람도 있겠지요. 확실히 일반적으로는 ROE가 높은 기업이 곧 우량 기업입니다. 하지만 어떤 것이든, 일반론만으로는 말할 수 없는 부분이 있는 법입니다.

ROE는 'ROE=당기순이익÷자기자본'으로 계산되는 지표입니다. 따라서 ROE는 다음 두 가지 방법으로 높일 수 있습니다.

① 분자인 '(지배주주에 귀속되는) 당기순이익'을 늘린다
② 분모인 '자기자본'을 줄인다

①과 ② 중 어느 방법이 더 좋을까요? 당연히 좋은 경영으로 잘해서 순이익을 늘림으로서 ROE를 높이는 방법(①의 방법)이 바람직하지만, ②의 방법으로도 쉽고 빠르게 ROE를 높일 수 있습니다.

실제로 최근에 많은 기업이 행하는 방법은 ②의 방법 중 한 가지인 '자사주매입'입니다. 기업이 시장에서 유통 중인 자사의 주식을 사는 것인데, 어째서 이 방법으로 ROE가 개선될까요. 이것은 매우 중요한 핵심이므로 차근차근 설명하겠습니다.

우선 기업이 자사주를 매입하면, 재무상태표 순자산 부분 중 '주주자본'에 속해있는 '자기주식'이란 항목만큼을 마이너스 금액으로 계상합니다. 여기까지는 제1장에서 설명한 내용이므로 문제없습니다(기억이 안 나는 사람

은 71쪽을 다시 읽어보기 바랍니다).

어째서 자사주 매입이 주주자본에 마이너스로 계상될까요. 그것은 기업이 매입한 자사주는 일단은 그대로 보유하지만, 나중에는 소각하는 경우가 많기 때문입니다. 소각이란 문자 그대로 없애버리는 것입니다. 따라서 미래의 소각을 전제로 자사주를 매입한 시점에서 마이너스로 처리되는 것입니다.

그 결과, 자사주매입을 하면 주주자본과 자기자본은 그만큼 줄어듭니다. 다시 말해 ROE 계산식에서 분모인 자기자본이 줄어들고 그에 따라 ROE는 높아집니다.

또한 자사주가 미래에 소각되면 발행주식수가 줄어들어, 1주당 순이익은 반대로 늘어나게 됩니다. 주당 순이익은 배당의 원천이므로 그것이 늘어나면 당연히 주가는 오르기 쉬워져 투자수익은 증가합니다.

따라서 투자자 입장에서 보면 자사주매입은 매우 고마운 일입니다. 기업으로서도 ROE가 높아진다는 이점이 있습니다. 최근 많은 기업이 자사주매입을 행하는 것은 이러한 이유에서입니다.

그러나 문제도 있습니다. 제1장에서 재무상태표를 설명하며, "자산을 마련하기 위해 부채와 순자산으로 자금을 조달한다"라고 말했습니다. 부채는 언젠가는 반드시 상환해야만 하는 돈이고, 순자산은 상환 의무가 없는 돈이지요. 기업은 부채를 상환할 수 없을 때 도산합니다.

이런 이치로 기업의 중장기적인 안정성을 확인하기 위해, '자기자본비율=자기자본(≒순자산)÷자산'이란 지표를 본다고 설명했습니다(47쪽 참고). 그리고 부채와 순자산의 비율을 비교했을 때, '순자산=상환 의무가 없는 돈'의 비중이 큰 기업, 즉 자기자본비율이 높은 기업이 중장기적인 안정성이 높다는 설명도 했습니다.

이쯤되면 모두가 알겠지만, 자사주를 매입하면 ROE는 높아지지만, 순자산이 줄어들기 때문에 자기자본비율은 낮아집니다. 즉 기업의 안정성이 떨어져버립니다. 자사주를 매입하느라 현금이나 예금도 감소합니다.

앞서 말했듯이 순자산(정확하게는 주주자본)은 줄이지 않고 순이익만 올리면 ROE는 높아집니다. 이 방법이라면 전혀 문제가 없습니다. 경영을 잘한 것입니다.

하지만 **손쉽게 ROE를 높이려고 자사주매입을 과하**

게 한다면, 순자산이 줄어들어 안정성에 문제가 생길 수도 있습니다. 안정성이 지나치게 훼손되면, 기업이 무너질 가능성이 당연히 커지므로 주의해야 합니다.

충분한 현금이나 예금을 지닌, 자기자본비율이 높은 기업이야 문제가 없습니다. 다만 그 정도로 자기자본비율이 충분치 못한 기업이 자사주매입을 한다면 당연히 문제가 됩니다. 최근에는 이렇게까지 해서 ROE를 높이려는 기업이 없지만, 향후 ROE를 지나치게 중시하다보면 이런 사태가 일어날 가능성도 부정할 수 없습니다. 즉 '매우 불안정하면서 ROE가 높은 기업'이란 경우도 생각해 봐야합니다.

2-6 '자사주매입'으로 ROE가 높아지는 이유

▌자사주매입을 하면……

$$\frac{당기순이익}{자기자본} \downarrow = (ROE) \uparrow$$

기업이 '자사주매입'을 하면
계산식의 분모(자기자본)가 줄어들어 ROE는 높아진다

좀 어려울 수도 있으니 보충해서 설명하겠습니다([2-7] 참고. 여기서는 간단한 설명을 위해, '자기자본=순자산'으로 둡니다. 즉 신주예약권이나 비지배주주지분은 없다고 가정하고 'ROE=당기순이익÷순자산'으로 계산합니다).

가령 자산이 100, 부채가 50, 순자산이 50이고, 당기순이익이 10인 기업이 있다고 합시다([2-7]의 재무상태표①), 이때 ROE는 20%, 자기자본비율은 50%가 되지요.

그런데 자산과 순이익은 그대로이면서 자기자본비율이 10%인 경우라면([2-7]의 재무상태표②), ROE는 몇 %가 될까요?

부채가 90, 순자산이 10인 경우이므로, ROE는 10÷10인 100%가 됩니다.

2-7 ROE와 자기자본비율의 관계

▌ 자산 100, 부채 50, 순자산 50, 당기순이익 10인 기업이
  자기자본비율을 50%에서 10%로 낮춘 경우

재무상태표①   재무상태표②

| 자산 100 | 부채 50 |
| | 순자산 50 |

| 자산 100 | 부채 90 |
| | 순자산 10 |

$$\frac{50}{100} = 50\%$$ 자기자본비율 $$\frac{10}{100} = 10\%$$

$$\frac{10}{50} = 20\%$$ ROE $$\frac{10}{10} = 100\%$$

$$\frac{10}{100} = 10\%$$ ROA $$\frac{10}{100} = 10\%$$

자기자본비율이 낮을수록(=부채 비중이 높을수록)
ROE는 높아지므로, 안정성과는 정반대의 관계라 할 수 있다
(이 경우에도 ROA는 변화가 없다)

다시 말해, 같은 자산 규모, 같은 순이익이어도 자기자본비율이 낮을수록(=부채 비중이 클수록) ROE는 높아지므로, 'ROE=이익효율성'과 '자기자본비율=안정성'은 정반대의 관계가 됩니다.

참고로, 이 사례에서 ROA는 어떻게 변할까요?

정답은 '변하지 않는다'입니다. 자기자본비율이 50%이든 10%이든, 'ROA=이익÷자산'이므로, 둘 다 10÷100으로 똑같이 10%입니다.

구조조정을 하면 ROE는 높아지는가?

자사주매입을 할 때 또 한 가지 주의할 점이 있습니다. 기업이 자사주매입을 할 때는 보통 현금이나 예금을 사용하는데, 현금과 예금이 감소하면 기업의 '단기적' 안정성에도 문제가 생길 수 있습니다.

자세한 내용은 제3장의 172쪽에서 설명합니다만, 기업의 단기 안정성을 조사하려면 '수중 유동성=(현금+예금+유가증권처럼 바로 현금화가 가능한 자산+바로 조달할 수 있는 자금)÷월 매출'이 몇 개월분인지를 계산해야 합니다. 기업은 부채를 상환할 돈이 없을 때 무너지므로, 현금, 예금, 유가증권 등 '바로 현금으로 사용할 수 있는 자산'이 줄어들면 단기적으로 무너질 가능성이 높아져버립니다.

그렇다면 현금이나 예금을 줄이지 않고 은행에서 돈을 빌려 자사주매입을 하면 되지 않을까 생각하는 사람도 있을지 모르겠습니다. 그러나 차입을 하면 부채가 증가하여 자기자본비율은 더 크게 떨어져버립니다.

따라서 어떤 일정한 수준의 **안정성을 해치면서까지 ROE를 높이는 일은 건전한 경영이 아닙니다.** 높은 자기자본비율과 풍부한 현금을 쥐고 있는 기업이면, 자기자본비율을 다소 떨어뜨리는 자사주매입을 하더라도 문제가 없습니다. 하지만 자기자본비율이 낮은 기업은 주의해야만 합니다.

투자자의 입장에서 생각해도, 기업이 무너져버리면 본전도 이자도 모두 잃는 일입니다. 원래 ROE는 직전 기말의 '당기순이익'과 '자기자본'으로 계산하므로 경우에 따라서는 단기적인 지표에 지나지 않습니다. 기업이 미래의 안정성을 훼손하고 있지는 않은지도 동시에 살펴볼 필요가 있습니다. 또 본래는 장기투자에 사용해야 할 자금을, ROE를 높일 목적으로 자사주매입에 사용한다면 이것도 당연히 문제입니다.

다만 투자자 중에는 단기투자로 돈을 벌려는 사람들이 꽤 있습니다. 앞서 설명한 '스튜어드십 코드'에서는 투자자가 기업의 중장기적 발전을 촉진할 것을 요구하지만, 현실에서는 그렇게까지 기업의 중장기적 미래를 염려하는 투자자는 찾기 어렵습니다.

기관투자자인 펀드매니저는 3개월 정도인 짧은 기간의 실적으로 평가받는 경우도 많아, 단기간에 수익을 올리지 못하면 해고되거나 감봉될 수 있습니다. 이런 투자자는 투자기업의 5년 후, 10년 후의 일을 고려하지 않을 수 있습니다. '중장기적인' 성장을 바란다고 하더라도, 그것이 2년일지 5년일지가 확실치 않은 경우도 많습니다.

단기수익이나 그와 관련한 ROE 향상을 기대하는 투자자들의 압박으로, 회사의 경영진이 안이하게 ROE를 높이려 한다면 중장기적인 경영에 커다란 실수를 범할 수 있습니다.

ROE를 단기적으로 높이는 또 다른 방법은, 비용을 낮추는 것입니다.

ROE를 높이기 위해 순이익을 늘리거나 자기자본을 줄이는 두 가지 방법은 이미 설명했습니다.

인건비 등의 비용을 단숨에 줄여버리면 순이익도 바로 늘어납니다. 제1장에서 손익계산서를 설명했습니다만, 최종 이익인 당기순이익은 매출액에서 원가, 판매관리비, 손실 등의 비용을 차감하여 산출합니다.

이 중 기업의 노력으로 절감할 수 있는 부분은 보통 '원가'와 '판매관리비'입니다. 제조업의 경우, 이런 비용의 대부분을 차지하는 것이 인건비입니다. 따라서 이 부분을 줄이면 바로 순이익을 늘릴 수 있습니다.

그러나 '당장 ROE를 높이고 싶다'는 단기적인 생각으로 인건비를 절감하면, 기업가치 창출의 원천인 직원들이 퇴사하거나 그들의 근무의욕이 저하되어버릴 수 있음을 고려해야합니다.

이처럼 **단기적인 ROE만을 생각해버리면, 중장기적인 기업의 안정성이나 직원 문제를 충분히 고려한 경영이 어려워질 수 있음**을 확실히 인식해야합니다.

ROE가 높은 회사는 일반적으로 우량기업입니다. 특히 주주의 눈에는 아주 좋은 회사로 보입니다. 그러나 다시 말하지만, 중장기적 요소들을 충분히 고려한 경영인지 여부도 함께 보지 않으면, 기업도 그리고 주주도 결국에는 손실을 보고 맙니다.

2-8 구조조정으로 ROE는 높아지지만······

▌구조조정을 하면 단기적으로는······

비용의 많은 부분을 차지하는 인건비가 줄어든다

당기순이익이 늘어난다

ROE가 높아진다

▌하지만 중장기적으로는······

우수한 인재의 유출

직원의 근무의욕 저하

매출이 떨어지고 당기순이익도 감소

ROE가 저하

단기적인 ROE만을 추구하는
기업은 위험하다

여러분은 ROE와 ROA 중 어느 쪽이 더 중요하다고 생각합니까?

답부터 말하면, 'ROA'입니다. 경영이란 관점에서 봤을 때 이는 굉장히 중요합니다.

최근 많은 기업이 ROE를 기준으로 정합니다만, ROE에만 초점을 맞추면 건전하지 못한 경영을 하게 될 우려가 있습니다. 저는 이 점이 매우 염려됩니다.

ROE보다 ROA가 더 중요함을 제대로 이해하는 사람은 드문 듯합니다.

꽤 오래전, 일본경제신문에서는 일본 상장기업의 경영자들을 대상으로 "경영지표 중 가장 중요시하는 것은 무엇입니까?"란 조사를 실시하여, 정리 결과를 기사로 게재했습니다. 복수 응답이 가능한 설문이었는데, 1위는 단연코 'ROE'였습니다.

저는 그 결과에 큰 충격을 받았습니다. 당연히 ROA를 가장 중요시하리라 생각했었기 때문이죠.

그렇다면 어째서 ROA가 가장 중요한 지표일까요? 조금 전문적인 이야기지만, 차근차근 설명할 테니 천천히 읽으며 따라 와주길 바랍니다.

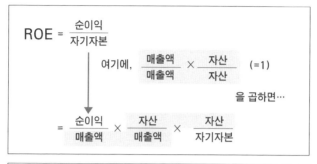

ROE의 분해식 안에는 ROA의 분해식이 들어있다

다시 한번 복습합니다. ROE는 '순이익÷자기자본'으로 계산합니다. 이제 약간의 수학적 수ㅈ법을 써서, 오른편에 '매출액÷매출액'과 '자산÷자산'(즉, 둘 다 1)을 곱

해주세요. 그러면 [2-9]의 위와 같은 식으로 분해할 수 있습니다.

　다음으로는 ROA 계산식을 봐주십시오. ROA는 '순이익÷자산'으로 구해집니다(설명이 간단하도록, 여기서 이익으로는 순이익을 사용합니다). 이 식의 오른쪽에 '매출액÷매출액'을 곱하면 [2-9]의 아래와 같은 식이 됩니다.

　여기서 '순이익÷매출액'은 '매출액이익률'이 되고, '매출액÷자산'은 '자산회전율'이 됩니다(이 지표는 자산의 유효 활용 정도를 보여주는 중요한 지표입니다. 뒤에서 다시 설명합니다).

　이제 다시 한번 ROE 분해식을 봐주십시오.

　ROE 분해식을 꼼꼼히 살펴보면, 첫 번째, 두 번째 항은 ROA의 분해식과 정확히 일치합니다. 마지막 세 번째 항인 '자산÷자기자본'은 '재무레버리지'라 부르는 수치입니다(뒤에서 설명합니다).

　따라서 ROE는 다음의 식으로 정리할 수 있습니다.

> ROE = ROA × 재무레버리지

　수식이 조금 연달아 나와서 어려운가요? 이 식은 ROE와 ROA를 이해하는데 있어 굉장히 중요한 부분이므로,

확실히 기억해주기 바랍니다([2-10] 참고).

2-10 ROE와 ROA의 관계

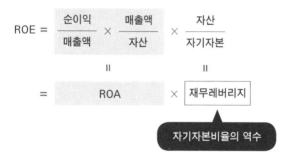

$$ROE = \frac{순이익}{매출액} \times \frac{매출액}{자산} \times \frac{자산}{자기자본}$$

$$= \quad ROA \quad \times \quad 재무레버리지$$

자기자본비율의 역수

이 식을 보면, ROE를 높이기 위한 방법으로 다음의 두 가지가 있음을 알 수 있습니다.

① **ROA를 높인다**
② 재무레버리지를 높인다

②의 '재무레버리지(자산÷자기자본)'는 무엇일까요? 잘 살펴보면, '자기자본비율(자기자본÷자산)'과 분자분모

가 반대이지 않나요? 바로 자기자본비율의 역수입니다.

다시 말해, **ROE는 똑같은 이익을 내더라도, 자기자본
비율이 낮을수록 높아집니다.** 이것은 106~108쪽의 설
명과 같은 말입니다.

반복해 말하지만, 자기자본비율은 회사의 중장기적인
안정성을 나타내는 중요한 지표입니다. 따라서 순이익
이 동일해도, 재무의 안정성이 낮을수록 ROE를 높일 수
가 있습니다.

ROE를 경시해야한다는 말은 아닙니다. 오히려 반대
로, 주주환원을 위해서라도 ROE는 높여야 한다고 생각
합니다.

다만 우선순위를 따져, ROA를 높임으로써 ROE를 높
여야 합니다. 단순히 ROE만을 높이려고 재무레버리지
를 높이는(=재무 안정성을 낮추는) 일은, 이미 지적했듯이
경영상으로 문제가 될 우려가 있습니다. 경영자는 이 점
에 주의해야만 합니다.

더구나 **'레버리지'란 '지렛대'를 의미하지만, 재무의
세계에서는 '부채' 중에서도 '유이자부채'를 가리킵니다.**
부채를 활용하여 수익을 올린다는 의미에서, 부채가 지
렛대의 역할을 한다고 생각하기 때문이지요.

자기자본비율이 높은 기업은 자사주매입 등으로 자기자본비율이 다소 낮아지더라도 문제가 없습니다만, 원칙적으로 경영자는 ROE보다 ROA를 높이는 것에 주안점을 둬야 합니다. ROA를 높이면 ROE도 높아집니다.

2-11 ROE를 높이는 좋은 방법, 나쁜 방법

ROE를 높이는 좋은 방법

사업을 연마하여, 더 많은 돈을 버는 회사가 된다

▼

ROA를 높임으로써 ROE도 높인다

ROE를 높이는 나쁜 방법

사업이 부진하여, 더 많은 돈을 버는 회사가 되지 못 한다(하지만 'ROE를 높여라'는 압박은 있으므로…)

▼

단순히 재무레버리지를 높임으로
ROE를 높이고자 한다

경영진은 'ROA를 높임으로써 ROE도 높인다'라는
건전한 사고방식을 지녀야한다

ROE보다 ROA가 더욱 중요한 이유는 한 가지 더 있습니다.

경영자는 자산을 마련하기 위해 부채와 순자산으로 자금을 조달합니다. 따라서 **경영자는 부채와 순자산 모두에 책임이 있으며, 그에 걸맞은 수익을 내야만합니다.** ROA는 자산 전체에 대한 이익의 비중이기 때문에, 이를 보여주는 지표입니다.

기업이 순자산에만 걸맞은 이익(ROE)을 낸다면 좋은 것이 아닙니다. ROE는 일단, 주주를 가장 우선시하므로, 부채의 채권자는 그다음 순위로 고려한다고도 해석될 수 있습니다.

이것은 부채를 제공하는 채권자나 은행에 대한 무례한 생각이 될 수도 있습니다. 따라서 **'ROA를 높임으로써 ROE를 높인다'라는 건전한 사고방식이, 경영자에게는 필요합니다.**

실제 기업의 ROE와 ROA를 살펴보자

이제 구체적으로 몇 개 기업의 ROE와 ROA를 비교해 보겠습니다.

ROE와 ROA는 일본경제신문 전자판이나 동양경제신문사의 주식투자 정보사이트, 야후 파이낸스 등*에서 확인할 수 있으므로 직접 계산하지 않아도 됩니다. 다만 계산식이나 개념만은 반드시 이해해두기 바랍니다.

여기서는 일본의 업종별 대표기업인 야후, 미쓰이물산, 미쓰코시이세탄 홀딩스, 무인양품을 운영하는 양품계획, 이렇게 4개 회사의 숫자를 비교하겠습니다.

야후는 ROE가 15.4%, ROA가 9.5%, 자기자본비율은 60.7%로 모두 높은 수준입니다. 자산을 효율적으로 사용하면서 이익을 내고, 자기자본의 수익률도 높으며, 회사의 안정성도 높아 흠잡을 데 없는 상황입니다. 일반적으로 IT업은 자산규모가 작고 이익률은 높은 업종이므로, 어느 수치든 높은 편입니다.

종합상사 중 가장 큰 미쓰이물산을 보면, 동일 회기의 ROE는 8.6%입니다. 참고로 이전 회기(2016년 3월기)는 순손실을 기록하여 ROE, ROA 모두 마이너스였습니다. 이 회사는 자원 관련 사업이 매출의 상당 부분을 차지하

---

* 한국에서는 포털사이트 증권 카테고리 내 종목분석 등에서 확인이 가능합니다.

는데, 2015년에 1배럴당 50달러대이던 원유가격이 일시에 20달러대까지 떨어지는 등 자원가격이 급락했습니다. 그 영향을 정통으로 받아 전후 처음으로 연결최종재무제표가 적자였습니다.

그후 자원가격이 반등하여, 원유가격도 2017년 5월 현재 1배럴당 50달러대까지 회복했습니다. 이에 따라 회사의 실적도 흑자로 전환하였습니다.

이처럼 경기 및 시장 상황의 등락에 따라 일시적으로 순손실로 돌아서는 사례도 있으므로, ROE와 ROA는 적어도 과거 몇 년 정도의 추이를 살펴볼 필요가 있습니다. 이토보고서에서도 ROE와 ROA는 중장기적으로 봐야한다고 지적합니다.

2-12 4개사의 ROE, ROA, 자기자본비율 비교

	ROE	ROA	자기자본비율
야후	15.4%	9.5%	60.7%
미쓰이물산	8.6%	2.7%	32.5%
미쓰코시이세탄	2.6%	1.2%	43.4%
양품계획	17.7%	12.4%	71.3%

※ 4개사 모두 2017년 3월기 기준
※ 여기서, ROE=지배주주에 귀속되는 당기순이익÷자기자본
　ROA=지배주주에 귀속되는 당기순이익÷자산
　자기자본비율=자기자본÷자산으로 계산
※ ROE, ROA 계산에 사용한 자기자본과 자산은 기초와 기말의 평균값
※ 국제회계기준IFRS을 적용하는 야후와 미쓰이물산에 관해서는, '모회사
　소유자에 귀속되는 당기이익'을 지배주주에 귀속되는 당기순이익으로,
　모회사 소유자에 귀속되는 지분'을 자기자본으로 놓고 계산

125쪽 칼럼 참조

　주의해서 봐야할 곳은 미쓰코시이세탄입니다. 2017년 3월, 실적 부진의 책임을 지고 사장이 사임한다는 뉴스가 있었습니다. 실제 자기자본비율은 43.4%로 그리 낮지 않지만, ROE는 2.6%, ROA는 1.2%로 둘 다 매우 낮습니다. 낮은 이익률이 명확히 드러납니다. 자산 활용도가 미흡하다고 할 수 있습니다.

　미쓰코시이세탄 백화점뿐 아니라 백화점은 어디든 모

두 어려운 상황입니다. 얼마 전까지는 중국인 등 방일 여행객들의 '대량 구매'가 실적을 지탱해주었지만, 이마저도 최근엔 침체되고 말았습니다. 이 업종 자체의 이익 수준을 어떻게 높여나갈지가 과제입니다.

한편 제조소매업이라는 점에서 조금 업태는 다르지만, 같은 소매업인 양품계획은 ROE가 17.7%, ROA는 12.4%, 자기자본비율은 71.3%로 모두 높은 수준입니다. 백화점과 비교하면 이쪽의 이익률이 훨씬 높습니다. 투자자나 은행 입장에서도, 백화점보다는 무인양품 쪽에 자금을 투입하고 싶은 것이 당연합니다. 주가도 당연히 이에 상응하는 성향을 보입니다.

여기서 재무상태표의 구조를 다시 떠올려보기 바랍니다. 반복해서 말하지만, 자산부분은 업종마다 내용이 달라집니다. 백화점이라면 재고자산이 많고, 제조업이라면 건물이나 기계 등 고정자산이 많습니다. 그러나 오른쪽의 부채와 순자산은 어느 업종이든 비슷한 계정과목이 나열되어 있습니다.

즉, 오른쪽의 부채와 순자산에 돈을 투입하는 은행이나 투자자, 특히 투자자는 그 회사가 어떤 사업을 하는지에 대해선 그다지 고민하지 않아도 괜찮습니다. 중요한 것은, 자신들이 투자한 돈으로 그 회사가 얼마나 수익을 창출하는지, 또는 미래에 수익을 창출할지입니다. 고민은 여기까지입니다. **재무상태표의 오른쪽은 어떤 의미에선 매우 냉혹합니다.**

그렇다면 백화점처럼 그다지 수익을 못 내는 업종은 어떻게 될까요. 투자자는 수익이 더욱더 높은 업종이나 기업에 투자하게 되므로, 백화점에 대한 투자액은 이대로라면 점점 줄어들 가능성이 있습니다. 또는 충분한 수익을 기대할 수 있는 수준으로까지 주가가 떨어지게 됩니다. 각 백화점마다 조금씩 다르겠지만, 이대로라면 전체적으로 꽤 혹독한 상황이 계속될 수 있습니다.

칼럼

ROE를 엄밀히 계산할 때의 주의점

지금까지는 이해하기 쉽도록, 'ROE=당기순이익÷자기자본'으로 단순하게 설명했습니다만, 실제로는 **'ROE=지배주주에 귀속되는 당기순이익÷자기자본의**

기초와 기말의 평균값'으로 계산하는 경우가 많습니다. 조금 복잡한가요.

분모부터 설명하겠습니다. '기초'란 그 회기가 시작된 시점(=그전기의 기말시점)입니다. 재무상태표에는 그 기의 기말시점 수치가 기재되므로, 예를 들어 2017년 3월기의 ROE를 계산한다면, '2017년 3월기의 기초와 기말의 자기자본 평균값=(2016년 3월기의 자기자본+2017년 3월기의 자기자본)÷2'를 분모로 사용합니다.

그렇다면 왜 이런 귀찮은 작업을 할까요. 27쪽에서 재무상태표는 '시점', 손익계산서는 '기간'이라고 했던 것을 기억하나요? ROE를 계산할 때, 분자가 '기간' 값인데 분모가 '시점' 값이면 좀 이상하겠지요. 그래서 분모를 '기간' 값으로 만들기 위해, 기초와 기말시점의 자기자본 평균값을 사용합니다(자기자본 금액은 매일 변동하므로 엄밀하게는 365일의 평균값을 사용해야 합니다. 하지만 그렇게까지 하기는 힘들므로 기초와 기말의 평균값으로 계산합니다). 덧붙이자면, ROA를 계산할 때의 분모인 '자산'도 마찬가지로 기초와 기말의 평균값을 사용합니다.

분자인 '지배주주에 귀속되는 당기순이익'에 대해선

237쪽에서 자세히 설명하므로 그곳을 참고하기 바랍니다.

ROA가 어느 정도이면 합격인가?

이제 여기부터는 중급편입니다. 조금 어려워지지만 중요한 부분이므로 천천히 읽어나가기 바랍니다.

앞서 "ROA를 높임으로써 ROE도 높아지도록 하는 경영이 가장 건전하다"고 말했습니다. 그렇다면 ROA의 목표를 어느 정도로 잡아야 좋을까요?

이것을 알기 위한 열쇠는 '**자본비용**'이란 개념입니다. 이 단어에 대해 어디선가 한번은 보거나 들은 적이 있을 것입니다. 하지만 그것이 의미하는 바를 제대로 설명할 수 있는 사람은 거의 없을 것입니다.

자본비용이란 한마디로 자금의 '조달비용'입니다. 이 것만으로는 도통 모르겠다고요?

그래도 괜찮습니다. 이제부터 천천히 설명하겠습니다.

우선 재무상태표의 구조를 다시 떠올려 주십시오. 회

사가 사업을 영위하기 위해선 '자산'이 필요합니다. 이 자산을 마련하려면, '부채'란 형태와 '순자산'이란 형태로 자금을 조달해야만 합니다. 이때 당연히 '조달비용'이 들도, **부채의 경우 조달비용은 '금리'**입니다.

부채에는 대출금이나 회사채 등의 '유이자부채'와 외상매입금과 같은 '무이자부채'가 있습니다. 유이자부채는 은행에서 빌리거나 회사채를 발행할 때 금리가 발생합니다. 반면 무이자부채에는 금리가 부과되지 않으므로 비용은 발생하지 않습니다. 따라서 부채의 조달비용은 유이자부채의 '금리'가 됩니다.

그렇다면 한편 순자산의 조달비용은 무엇일까요? 강연이나 세미나에서 이런 질문을 던지면 많은 사람이 '배당'이라고 답합니다. 결코 틀린 말은 아니지만, 배당을 하지 않는 기업의 비용이 제로가 된다는 헛점이 있습니다.

정확한 답은 **'주주의 기대수익률'**입니다. 주주가 기업에 맡긴 자금에 대한 기대수익률이 순자산의 조달비용입니다.

'은행에서 빌린 돈'보다 '주주가 맡긴 돈'이 더 고비용

이 부분은 조금 복잡하지만 굉장히 중요하므로 계속

2-13 부채와 순자산의 '조달비용'이란?

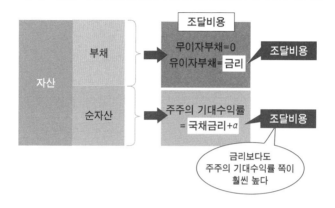

해서 설명하고자 합니다. 기업에서 순자산의 대부분을 차지하는 것은 보통 '주주자본'입니다.

주주가 기업에 출자한 돈은 주주자본인 '자본금'과 '자본잉여금'에 속합니다. 기업은 주주로부터 받은 자금을 사용하여 이익을 내며, 그 이익의 축적이 '이익잉여금'입니다. 즉 기업은 자본금, 자본잉여금을 밑천삼아 이익잉 여금이란 과실을 만들어냅니다. 어쨌거나 이들을 포함한 순자산은 주주의 것입니다. 그리고 주주는 순자산을 기업에 맡기었으므로, 이에 대해 기대하는 수익률(=기대수익률)을 가집니다.

그리고 이 **순자산의 조달비용인 '주주의 기대수익률'** 은 '국채금리+α'로 계산합니다([2-13] 참고).

만약 주주가 기업에 맡긴 순자산이 국채와 동일한 수익률을 지닌다면, 주주는 돈을 리스크가 있는 기업에 맡겨둘 필요가 없습니다. 직접 국채를 매입해서 운용하면 되니까요. 특히 기관투자자라면 더욱 그렇겠지요(실제로는 국채에도 리스크가 있습니다만, 금융 이론상으로는 리스크가 없는 안전자산이라고 가정합니다).

그렇다면 주주는 어째서 기업에 출자하는 걸까요. 리스크가 국채보다 크더라도 그만큼 국채보다 높은 수익률을 기대할 수 있기 때문이지요. '+α'의 수익률에 그 유인이 있습니다. 이것을 **'리스크프리미엄'**이라고 합니다.

이 '+α'는 기업마다 제각각입니다. 그 기업의 주가변동율(조금 어려운 말로 '볼러틸리티volatility'라고 합니다만 따로 기억하지 않아도 됩니다) 등에 따라 다르지만, 몇 %부터 10% 이상까지 있습니다. 순자산의 조달비용은 우량기업이라 해도 최소 5%는 붙는다고 생각하면 됩니다.

중요한 것은 바로 이 부분으로, **부채의 조달비용보다도 순자산의 조달비용이 훨씬 높습니다.** 왜냐하면 유이자부채의 조달비용은 상장기업이라면 높아도 2% 정도이고 우량기업이라면 1% 이하입니다. 게다가 부채에는 유이자부채와 무이자부채가 있는 까닭에 부채 전체의 조달비용은 이것들의 가중평균(135쪽 참고)이 되어 더욱 낮아지기 때문입니다.

참고로, 순자산의 조달비용은 정확하게는 'CAPM^{Capital Asset Pricing Model}'이란 정의에 따라 계산됩니다.

CAPM은 기본적으로 '국채금리+α'로 계산합니다. 자세한 계산식에 관심이 있다면 다음의 칼럼을 읽어보기를 바랍니다. 다소 전문적인 내용이므로, '국채금리+α'가 이해된다면 이 칼럼은 건너뛰어도 괜찮습니다.

칼럼

순자산의 조달비용 계산식 CAPM

순자산의 조달비용은 'Rf+α (Rm-Rf)'의 식으로 계산합니다. 여기서 Rf는 국채금리, α는 해당 회사의 주식이 시장 움직임에 대해 얼마나 반응하는가(예를 들면 주식시장 전체가 1% 움직일 때 해당 회사의 주식이 2% 변동하면 α는 2가 됩니다)입니다.

한편 (Rm-Rf)에서 Rm은 주식시장 전체의 수익률입니다. 이것에서 Rf를 뺀 값은 주식시장 전체의 수익률이 Rf보다 얼마나 높은가를 보여줍니다. 단기적으로는 반드시 그렇다고 할 수 없지만, 장기적으로는 리스크가 있는 주식시장으로의 투자가 안전자산인 국채보다도 수익률이 높지 않으면 투자자는 주식시장에 투자하지 않겠지요. (Rm-Rf)에 α를 곱한 값이 해당 기업의 리스크프리미엄, 즉 앞서 설명한 '국채금리+α'의 'α' 부분이라고 생각하면 됩니다(더 자세한 설명이 필요하다면 금융 전문 서적을 읽어보기 바랍니다).

WACC: 기업은 조달비용을 상회하는 이익을 내야만 한다

기업의 목표로 어느 정도의 ROA가 좋을지, 이를 측정하는 도구가 'WACC(가중평균자본비용)'란 개념입니다. WACC는 'Weighted Average Cost Capital'의 약어로 '와크'라고 부르기도 합니다.

WACC란 한마디로 부채 및 순자산 전체의 조달비용입니다. 좀더 정확히 말하면, 부채의 조달비용(X%)과 순자산의 조달비용(Y%)을 가중평균한 값입니다. 'Z%'와 같이 단위는 %로 표시합니다.

부채의 조달비용은 유이자부채의 금리였지요(계산상으로는 유이자부채와 무이자부채를 가중평균한 값입니다). 순자산의 조달비용은 앞서 설명한 '주주의 기대수익률(국채금리+α)'입니다. '가중평균'에 대한 설명은 조금 길어서, 135쪽 칼럼을 참고하기 바랍니다.

여기서 중요한 것은 **WACC란 '자산을 마련할 자금(부채와 순자산)을 조달하는 데 드는 비용이 몇 %인가'를 보여준다**는 점입니다.

앞서 설명했듯이, 일반적으로는 부채의 조달비용(X%)보다 순자산의 조달비용(Y%)이 높습니다. 따라서 자기자본비율이 높아지면(즉 순자산 비중이 커지면) 기업의 WACC도 높아집니다.

그럼 WACC가 높아지면 기업은 어떻게 될까요?

2-14 ROA와 WACC

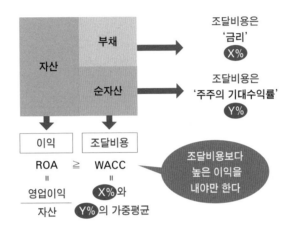

WACC는 자산을 마련하기 위한 자금의 조달비용이 므로, 마련한 자산을 사용해 벌어야할 이익률도 이에 따라 높아져버립니다. '**WACC가 높다=높은 수익률을 기대한다**'인 셈이지요.

여기서 자산에 대한 이익률은 'ROA(이익÷자산)'이라는 것을 다시 생각해봅시다. 이 ROA가 WACC보다 높아야만 합니다. 자산을 마련하기 위한 자금의 조달비용보다 높은 이익률을 올려야만 하기 때문입니다.

덧붙이자면, 이때 ROA는 '영업이익÷자산'으로 계산

134

하기 바랍니다. 부채의 조달비용은 금리이므로, WACC
와 비교할 때는 이자비용을 지급하기 전의 이익인 '영업
이익'과 비교해야하기 때문입니다.

정리하면 다음과 같습니다.

ROA(영업이익 기반) ≥ WACC

이를 충족하지 못하면, 주주가 기업의 사업 가치를 외
면할 것이고 그에 따라 주가도 침체될 가능성이 커집니다.

이 점을 고려하면, **기업(특히 상장된 기업)으로서는 자
기자본비율을 어느 일정 수준 이하로 억제하고픈(순자산
의 비중을 억제하고픈) 유인이 생깁니다.** 다시 말해, 일반
적으로는 순자산의 조달비용이 부채의 조달비용보다 높
으므로, 자기자본비율이 높아지면 WACC가 상승하여
그만큼 기대 이익도 높아지기 때문입니다.

그래서 자기자본비율을 억제하면, 실은 이로 인해
ROE도 높아집니다. ROE는 'ROA×재무레버리지'로 계
산되고, 재무레버리지란 자기자본비율의 역수이므로,
자기자본비율을 낮출수록 ROE는 높아집니다.

'가중평균'이란?

    WACC 설명 중에 '가중평균'이란 말이 나왔습니다. 가중평균이란 무엇일까요? '평균'과는 어떤 차이가 있을까요? 이미 아는 사람도 많으리라 생각하지만, 가중평균이란 여러 개의 수치가 있을 때 각각에 가중치를 부과하여 계산한 평균값입니다.

    예를 들면 어느 학교에 A반과 B반인 2개 학급이 있다고 합시다. A반은 20명이며 평균 시험성적은 80점입니다. B반은 30명이며 같은 시험의 평균 성적이 60점입니다. 그렇다면 전체의 평균 점수는 몇 점이 될까요?

    이때 단순히 (80점+60점)÷2=70점으로 계산한다면 틀린 값이 됩니다. 정확히 하려면, 각각의 학급 인원수를 고려하여 다음과 같이 계산합니다.

$$\frac{80점 \times 20명 + 60점 \times 30명}{20명 + 30명} = 68점$$

    따라서 전체 평균 점수는 68점이 되네요. 가중평균의 개념은 이와 같습니다. 일반적인 식으로 바꾸면, 다음과 같습니다.

가중평균의 식
변수: χ_1, χ_2, $\chi_3 \cdots$ 에 대하여
가중치: w_1, w_2, $w_3 \cdots$ 이라 하면
$$\text{가중평균} = \frac{\chi_1 w_1 + \chi_2 w_2 + \chi_3 w_3 + \cdots}{w_1 + w_2 + w_3 \cdots}$$

WACC도 이와 같습니다. 이를테면, 부채합계가 1,500억 엔, 부채 조달비용은 2%, 순자산합계는 1,000억 엔, 순자산 조달비용은 8%라고 합시다. 이 경우, 자산 전체(2,500억 엔)에서의 부채 비중은 0.6, 순자산 비중은 0.4가 됩니다. 그러면 다음과 같은 식으로 WACC를 구할 수 있습니다.

$$\text{WACC} = 2\% \times 0.6 + 8\% \times 0.4 = 4.4\%$$
$$= \frac{2\% \times 1{,}500\text{억 엔} + 8\% \times 1{,}000\text{억 엔}}{1{,}500\text{억 엔} + 1{,}000\text{억 엔}}$$

이렇게 해서, WACC는 4.4%로 산출됩니다.

앞에서 언급한 대로 이토보고서에는 'ROE 8% 이상'을 목표로 해야 한다'라고 쓰여 있습니다. 기업도 ROE 8~10%를 당면 목표로 잡은 경우가 많습니다.

그렇다면 이 '8% 이상'이란 숫자는 무엇을 근거로 나왔을까요? 앞에서, '기업에는 WACC를 넘는 ROA가 요구된다'고 설명했습니다. 흐름으로는 이렇습니다.

WACC는 부채와 순자산 양쪽의 조달비용을 가중평균한 값입니다. 즉 총자산의 조달비용이 몇 %인가를 보여주는 값이지요. 또한 ROA는 총자산이 얼마큼의 이익을 창출하는지를 보여주는 지표입니다. 양쪽 모두 총자산을 기반으로 합니다.

한편 ROE는 자기자본이 얼마큼의 순이익을 창출하는지를 보기 위한 지표입니다. 따라서 순자산(≒자기자본)의 조달비용인 '주주의 기대수익률(국채금리+α)'과 ROE를 비교하는 것이지요. 주주는 기업에 '주주의 기대수익률(국채금리+α)' 이상의 수익(ROE)을 요구하므로, 다음과 같은 식으로 정리할 수 있습니다.

ROE ≥ 주주의 기대수익률(국채금리+ α)

주주의 기대수익률 평균은 일본이 7% 정도로 추정됩니다.* 따라서 ROE가 8% 이상이면 조달비용을 넘어서는 셈입니다. 이것이 '목표 ROE 8% 이상'인 근거입니다.

단, 앞서도 설명했듯이 '국채금리+ α '의 ' α '는 개별 기업에 따라 다르므로(131쪽 칼럼에서 설명한 β 값이 다르므로), 개별 기업 모두가 7%는 아닙니다. 이런 점에서 일률적으로 '8%'의 ROE를 요구하는 것은 다소 단편적이란 생각도 듭니다.

도요타는 충분한 자금을 지녔음에도 어째서 자금을 빌렸을까?

WACC와 관련한 한 가지 흥미로운 사례를 소개하고자 합니다. 바로 도요타 자동차입니다. 많은 사람이 도요타는 '무차입 경영'을 한다고 생각할 듯싶은데, 실제로는 어떨까요?

도요타의 2016년 3월기 재무상태표를 보면, 부채부

---

* 한국은 2014년 8.14% 이었다.

분에 약 18조 엔의 유이자부채가 있습니다. 총자산이 약 47조 엔이므로 유이자부채의 비율은 그런대로 높습니다.

한편 자산부분을 보면, 현금과 예금, 유가증권, 금융채권, 투자유가증권, 장기금융채권 등을 합해서 약 27조 엔입니다. 그런데도 의외로 많은 유이자부채를 보유하고 있습니다.

이것은 도요타가 세계로 사업을 확대하며 자금 수요가 왕성해졌기 때문이기도 하지만, 진짜 이유는 따로 있지 않을까 생각합니다. 그것은 앞서 설명한 'WACC'와 관련한 문제입니다.

도요타는 연간 약 2조 엔의 순이익을 벌어들이므로, 그대로 놔두면 이익잉여금이 쌓이고 순자산도 점점 늘어납니다.

순자산의 조달비용은 부채보다 훨씬 높으므로, 순자산이 늘어나면 WACC도 점점 상승하여 기대 이익 수준도 높아집니다. 당연히 그 기대에 부응하지 못하면 주가가 떨어질 우려가 있습니다.

그래서 도요타는 굳이 유이자부채를 조달하여 재무상태표의 양쪽(자산부분과 부채부분)을 늘림으로써, 순자산 비중(=자기자본비율)을 억제하여 WACC를 낮추려는 것

아닐까요([2-15] 참고).

초우량기업인 탓에 생기는 고민이겠죠. 참고로 도요타의 자기자본비율은 일관되게 30%대 중반을 유지하고 있습니다.

게다가 자기자본비율을 낮추면, 또는 재무레버리지를 높이면 ROE도 높아집니다. 도요타는 2016년 6월 주주총회에서 연간배당금을 역대 최고인 1주당 210엔으로 결정했습니다. 이것은 물론 뛰어난 실적 때문임이 분명하지만, WACC와 ROE를 고려한 측면도 있었을 것입니다. 배당으로 순자산 비중을 낮추면, WACC는 낮아지고 또 자기자본비율도 낮아지므로, ROE를 높일 수 있으니까요.

2-15 도요타기 굳이 유이자부채를 늘리는 이유

▍도요타는 막대한 순이익을 매년 벌어들이고 있어서……

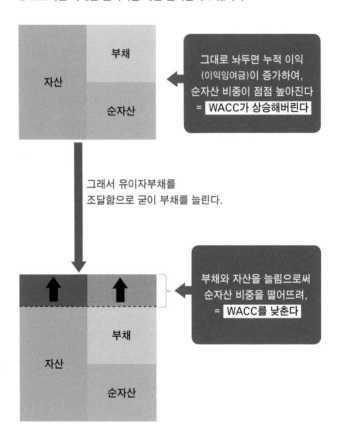

자산	**부채**
	순자산

그대로 놔두면 누적 이익
(이익잉여금)이 증가하여,
순자산 비중이 점점 높아진다
= WACC가 상승해버린다

그래서 유이자부채를
조달함으로 굳이 부채를 늘린다.

자산	**부채**
	순자산

부채와 자산을 늘림으로써
순자산 비중을 떨어뜨려,
= WACC를 낮춘다

가오는 ROE와 ROA를 높이기 위해서 가네보를 인수했을까?

얼마 전 사건입니다만, 대형 화학제조업체인 가오花王
는 2006년 산업재생기구* 밑에서 회생을 도모하던 가네
보화장품을 4,100억 엔에 인수했습니다. 이 인수 역시
WACC와 ROA, ROE를 고려한 결정이 아니었을까 생각
합니다.

가오는 원래 자기자본비율이 매우 높은 회사이기 때
문에, 앞의 설명처럼 WACC가 높아지게 됩니다. 따라서
그만큼 ROA가 높아지도록 벌지 못하면 주주들이 낮게
평가하여 결과적으로 주가가 하락할 우려가 있습니다.

가오는 이 점을 고려하여 가네보화장품을 인수한 것
아닐까요? 이 인수에 든 자금은 대부분 차입금이었습니
다. 인수하기 직전인 2005년에는 당시 가오의 재무상태
를 보면 차입금 합계가 약 200억 엔뿐이었지만, 인수 후
인 2006년에는 약 4,000억 엔으로까지 불어났습니다.

즉, 차입금을 늘리면서 이자 부담은 증가했지만, 순자
산 비중을 낮춤(자기자본비율을 낮춤)으로써 자금 조달비
용(WACC)을 낮춘 것이지요.

---

* 부실기업 중 회생 가능성이 높은 기업을 지원하는 기관이다.

게다가 자산은, 인수가격의 상당 부분이 **'영업권'**이어서 일시적으로는 증가하지만, 이후 영업권은 상각이 진행되며 점점 줄어듭니다. 자산이 축소되면 ROA는 올라갑니다. 영업권이란 M&A때, 인수가격 중 피인수 기업(이 경우엔 가네보화장품)의 순자산을 초과하는 금액을 말합니다. 회계적으로 기업의 가치는 '순자산'이지만 무조건 그 가격으로 인수할 수 있는 것은 아니어서, 그것을 초과한 금액은 '영업권'이 됩니다. 회계기준으로 '영업권'은 최장 20년에 걸쳐 상각합니다.

그리고 가네보화장품은 산업재생기구의 관리 하에 있던 혼란기에도 안정적인 수익을 올리고 있었으므로, 가오 산하로 들어가면 더욱 안정적인 수익을 올리리라 예상되었습니다. 이렇게 수익이 늘어나면 ROA는 장기적으로 높아지고, 그에 따라 ROE도 올라갑니다.

이상의 내용으로부터, WACC는 하락하고 ROA와 ROE는 올라간다는 매우 이상적인 시나리오를 그려볼 수 있습니다. 하지만 유감스럽게도 가오의 의도만큼 가네보화장품은 수익을 올리지 못했습니다. 그러나 가오 전체는 꾸준한 수익을 올리므로, 다시금 높은 자기자본비율로 되돌아가면서 WACC 문제가 발생합니다. 도요타와 마찬가지로 고수익기업인 까닭에 발생하는 고민인 셈입니다.

가오가 가네보를 인수한 또 한 가지 목적은 'M&A 방어'

가오의 인수 이유는 이것만이 아닙니다. 어쩌면 'M&A 방어'도 염두에 두지 않았을까 싶습니다.

핵심은 두 가지입니다. 한 가지는 앞서 설명했듯이, 이익이나 ROA가 상승하면 주가는 올라갑니다. 그러면 '시가총액(주가×주식수)'도 올라가므로 적대적 매수자가 M&A를 시도하기 어려워집니다. 게다가 가네보화장품을 산하에 넣어 기업 규모를 확대하면, 시가총액을 키울 수 있는 이점도 있습니다.

1998년 일본의 외국환관리법(외환 및 외국무역법) 개정에 따라, 국익을 해치지 않는 한 해외자본의 일본기업 인수합병이 자유로워졌습니다.*

더구나 2007년에는 '주식교환에 따른 M&A' 등이 허용되며, 기업을 인수하는 것이 더욱더 자유로워짐과 동시에 인수당할 위험성도 높아졌습니다.

---

* 한국도 1998년 외국인 투자유치 촉진을 위해 행정 규제를 완화하며, 외국인에 의한 적대적 M&A가 가능해졌다.

가오가 가네보를 인수할 당시를 예로 들면, 가오의 라이벌 기업인 P&G의 시가총액은 가오의 10배나 되었습니다. P&G가 가오의 주주들에게, 자사주와 가오의 주식을 교환하자고 제안할 가능성도 있습니다. P&G뿐만 아니라 유니레버나 로레알 등도 일본시장에서의 존재감 확대를 노리고 있으리라 생각합니다.

이때 가오로서 가능한 방어책은, 자사의 시가총액을 최대한 높이는 일입니다. 이 점을 고려하면, 가오의 가네보화장품 인수에는 M&A 방어책으로서의 의미도 강했으리라 생각합니다.

최근에는 성장전략으로가 아니라 적대적 M&A를 피하려는 이유로도 경영을 통합하는 사례를 찾아볼 수 있습니다. 시가총액을 높이는 일은 확실히 M&A 방어에 유효한 방책이지만, 비즈니스의 본질은 어디까지나 '고객에게 좋은 상품이나 서비스를 제공하여 이익을 높이는 것'입니다. 이를 기반으로, 주가를 올리고 시가총액을 높이는 것이 바람직하다는 것은 말할 것도 없습니다.

회사 사정으로 인수합병 방어책을 세우더라도, 그것이 고객을 위한 일로 시장에서 평가받지 못한다면 결국 잘 될 수 없습니다. 이 점에 반드시 주의해야 합니다.

ROE를 중시한 경영은 일본보다 미국에서 먼저 행해졌습니다. 다만 미국의 일부 기업은 ROE를 지나치게 추구한 나머지 과도한 구조조정이나 자사주매입을 행하는 일도 있습니다. 일본에서는 아직까지 이런 기업이 별로 없지만, 미국과 같은 행보를 겪지 않기를 바랍니다.

피터 드러커Peter Ferdinand Drucker는 "기업의 유일한 존재 의의는 좋은 상품이나 서비스를 제공하여 사회에 독자적으로 공헌하는 것이다"라고 말했습니다. 상품이나 서비스 없이 기업은 존재할 수 없습니다.

또 드러커는 이렇게도 말했습니다. "사회는 인간의 행복을 위해 인간이 만든 것이다." 세계가 농업을 중심으로 성장하던 과거에는 사람들에게 '집'이나 '지역'이 사회 그 자체였습니다. 그런데 지금은 '소속된 조직'이 사회와 가장 가깝습니다. 회사원이라면 회사, 공무원이라면 관공서입니다.

그 조직이 직원을 행복하게 하지 않는다면, 사회와의 관계에서 자기모순이 발생합니다. 따라서 **경영자는 다음의 두 가지를 염두에 둬야 합니다. 첫째, 좋은 상품이**

나 서비스를 제공함으로써 고객에게 기쁨을 주고 사회에 공헌하는가. 둘째, 회사에서 일하는 직원들을 행복하게 해주는가.

그런데 ROE 경영을 지나치게 행하면, 이 두 가지를 경시해버릴 우려가 있습니다. 단기 이익을 지나치게 추구하면, 상품이나 서비스의 질이 극단적으로 떨어져 결과적으로 고객을 경시하는 풍조가 될 수 있습니다. 고객을 더욱 소중히 여기며 이익을 얻고자 한다면 문제가 없지만, 이익이 최우선시 되면 본말이 전도되어버리고 맙니다. '스튜어드십 코드'에서도 기업의 '지속적인 성장'을 위해 자본가와 기업이 '대화할' 것을 요구합니다.

또한 구조조정을 과도하게 행하면, 회사 직원들은 해고되거나 월급이 깎이므로 불행해집니다. 너무 최종적인 이익만을 단기적으로 추구하면, 응당 있어야할 경영이 무시될 수도 있습니다. 따라서 ROE를 높이는 것이 나쁜 일은 아니지만, 본래 경영이란 무엇인지를 고려하지 않으면 회사도 사회도 행복할 수 없습니다. 일시적으로 주주는 행복해질지 몰라도, 사회에 공헌하지 않는 기업은 언젠가는 쪼그라들기에 장기적으로는 결국 주식을 보유한 주주도 행복할 수 없습니다.

그렇다고 ROE를 경시해야 좋다는 말은 아닙니다. 이것은 많은 일본 기업에 하고픈 말인데, 현금을 많이 보유하고 있음에도 불구하고 유용하게 활용하지 않고 쌓아만 두는 것 역시 좋지 않습니다. 이것은 사회로부터 맡겨진 자원을 유용하게 활용하지 않는 일입니다.

자원을 유용하게 활용하고, 효율적인 경영을 하고, 안정성을 고려하는 것. 기업경영에서는 이들의 균형이 매우 중요합니다. 그리고 이런 균형을 취하고 있는지에 대한 중요한 지침이, 다음 장에서 자세히 소개할 다양한 경영지표들입니다.

이 책의 독자 여러분은 **지표에 휘둘리지 않기 위해서라도 각각의 지표들이 의미하는 바를 제대로 이해하고, 나아가 경영의 본질을 잊지 말아주기 바랍니다.**

제3장

재무제표로
'기업의 실력'을 분석하는 방법

- 경영의 프로는 '이것'을 반드시 확인한다!

R O E

제1장에서 재무상태표와 손익계산서의 기본을, 제2장에서는 ROE와 ROA를 설명했습니다. 제3장에서는 내가 평소 경영컨설팅으로 기업을 분석할 때 확인하는 '경영지표'와 '재무제표의 계정과목'을 소개합니다.

재무제표를 펼치면 '많은 계정과목과 숫자들이 나열되어 있어, 무엇을 봐야 좋은지 잘 모르겠다'고 생각할 수도 있으나 핵심만 짚으면 그다지 어렵지 않습니다. 긴장을 풀고 읽어주기 바랍니다.

단, 제3장에서는 갈 길이 조금 멀기 때문에, 설명을 시작하기 전 이 책에서 다룰 경영지표를 [3-1]처럼 정리해 두었습니다. 기본적으로는 각각의 재무제표에서 주로 다음과 같은 것들을 파악합니다.

- 재무상태표로부터 '안정성'
- 손익계산서로부터 '수익성'
- 현금흐름표로부터 '장래성'

3-1 제3장에서 소개할 주요 경영지표

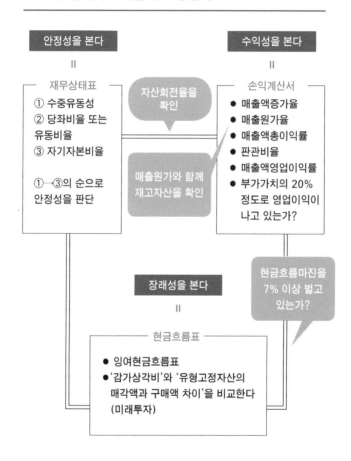

안정성을 본다

‖

― 재무상태표 ―

① 수중유동성
② 당좌비율 또는
유동비율
③ 자기자본비율

①―③의 순으로
안정성을 판단

> 자산회전율을
> 확인

> 매출원가와 함께
> 재고자산을 확인

수익성을 본다

‖

― 손익계산서 ―

● 매출액증가율
● 매출원가율
● 매출액총이익률
● 판관비율
● 매출액영업이익률
● 부가가치의 20%
정도로 영업이익이
나고 있는가?

> 현금흐름마진을
> 7% 이상 벌고
> 있는가?

장래성을 본다

‖

― 현금흐름표 ―

● 잉여현금흐름표
● ‘감가상각비’와 ‘유형고정자산의
매각액과 구매액 차이’을 비교한다
(미래투자)

대강 이런 형태로 봅니다만, 엄밀하게는 두 가지 재무제표를 조합하여 보는 지표도 있음에 유의해주길 바랍니다. 이를테면, 재무상태표와 손익계산서를 조합한 '자산회전율(=매출액÷자산, 자산의 유효활용도를 본다)'의 계산 등이 그렇습니다.

그럼 이제부터 분석 방법을 자세히 설명하겠습니다.

재무분석은 '안정성 → 수익성 → 장래성' 순서로 본다

기업의 재무제표를 분석할 때, 무엇부터 보면 좋을까요? 사실 제게는 분명한 우선순위가 있습니다.

> ① 안정성 → ② 수익성 → ③ 장래성

잘못된 순서로 보게되면, 그 기업의 중대한 문제점을 간과할 우려가 있습니다. 예를 들어 그럭저럭 순조롭게 수익을 내고는 있지만, 안정성에 커다란 문제가 있는 기업이 있다고 합시다. 수익성부터 보면 언뜻 보기에 문제가 없어 보이므로, 도산의 위험성을 간과하게 될 수 있습니다.

3-2 재무제표는 무엇부터 봐야 좋은가?

❶ 안정성(재무상태표) === 단기적으로 도산할 우려는 없는가

❷ 수익성(손익계산서) === 충분한 이익을 벌고 있는가

❸ 장래성(현금흐름표) === 안정성과 수익성을 유지하며
발전해 나가는가

따라서 **가장 먼저 해야 할 일은, '단기적으로 도산할 우려가 있는지'**를 보는 일입니다. 아무리 수익성이 높아도, 즉시 상환해야만 하는 유이자부채가 증가하는 등 자금 융통이 곤란하여 도산할 위기에 처해있다면 어쩔 도리가 없습니다.

당연한 말이지만, 도산하면 기업 자체가 없어집니다. 기업과 관련된 주식, 대출, 채권도 모두 그 가치를 잃습니다. 고용도 유지할 수가 없습니다. 다시 말해, 경영자는 물론이고 주식을 사들인 투자자, 돈을 빌려준 은행, 거래 중인 구매처, 재직 중인 직원 등 기업의 모든 이해 관계자에게 도산은 엄청나게 큰 영향을 줍니다. 따라서 기업의 안정성을 파악하는 일이야말로 재무제표를 분석

할 때 가장 우선시해야 하는 것입니다.

재무상태표에서 안정성을 확인하여 '당장 도산할 우려는 없다'고 분석했다면, 그다음은 손익계산서에서 수익성을 살핍니다. 수익성을 통해 충분한 이익을 벌고 있는지를 조사합니다. 매출액이나 이익을 벌고 있지 않으면 확실히 상황은 나빠지므로 결과적으로 안정성에도 영향을 미칩니다.

안정성, 수익성 모두 문제가 없음을 간파했다면, 마지막으로는 현금흐름표에서 장래성을 살핍니다. 현재의 안정성과 수익성을 유지할 수 있는지. 그리고 계속 발전해나갈지, 이 점을 확인합니다.

'안정성'을 분석한다

그렇다면 먼저 기업의 '안정성'을 조사하는 방법부터 설명하겠습니다. 검토할 재무제표는 재무상태표입니다. 이것의 기본적인 구조에 관해서는 제1장에서 자세히 설명했습니다.

여기서는 일본 맥도날드(이하 맥도날드)의 재무상태표 (2016년 12월기 결산)를 예로 들면서 설명하겠습니다.

맥도날드는 2014년 7월에 닭고기 불량문제*가 발생한 이래, 실적 악화에 시달렸습니다. 최근 들어 간신히 회복 중이긴 합니다만, 현시점의 '안정성'은 어떤 상황일까요. 맥도날드 재무상태표인 [3-3]에서 확인해 봅시다.

---

*　일본 맥도날드에 납품된 중국산 닭고기가 유통기한이 지난 고기임이 밝혀진 사건.

3-3 맥도날드의 연결재무상태표 (16년 12월기 결산)

(단위:백만엔)

	전기연결회계연도 2015년 1월 1일부터 2015년 12월 31일까지	당기연결회계연도 2016년 1월 1일부터 2016년 12월 31일까지
자산부분		
유동자산		
현금 및 예금	20,388	21,244
외상매출금	8,119	10,558
1년 이내 회수 예정 장기이연영업채권	–	3,336
원재료 및 저장품	862	999
이연법인세자산	478	597
기타	4,711	5,574
대손충당금	△35	△1,136
유동자산합계	34,524	41,174
고정자산		
유형고정자산		
건물 및 구축물	83,645	90,454
감가상각누계액	△38,164	△40,905
건물 및 구축물(순액)	45,481	49,548
기계 및 장치	14,275	14,618
감가상각누계액	△10,360	△10,423
기계 및 장치(순액)	3,915	4,915
공구, 기구 및 비품	10,957	11,390
감가상각누계액	△8,623	△8,687
공구, 기구 및 비품(순액)	2,334	2,703
토지	17,325	17,325
리스자산	7,612	7,547
감가상각누계액	△4,738	5,560
리스자산(순액)	2,874	1,987
건설가계정	479	1,118
유형고정자산합계	72,410	76,878
무형고정자산		
영업권	1,195	907
소프트웨어	6,760	6,118
기타	693	694
무형고정자산합계	8,650	7,720
투자기타자산		
투자유가증권	56	56
장기대여금	9	9
장기이연영업채권	10,116	6,049
퇴직급여에 따른 자산	6,779	7,328
이연법인세자산	224	124
임차금 및 보증금	41,457	37,519
기타	8,634	6,286
대손충당금	△3,988	△2,647
투자기타자산합계	63,283	54,725
고정자산합계	144,344	139,324
자산합계	178,868	180,499

	전기연결회계연도 2015년 1월 1일부터 2015년 12월 31일까지	당기연결회계연도 2016년 1월 1일부터 2016년 12월 31일까지
부채부분		
유동부채		
외상매입금	303	844
단기차입금	5,000	－
1년 이내 상환 예정 장기차입금	2,500	2,500
리스부채	1,428	1,152
미지급금	20,843	20,893
미지급비용	4,502	4,918
미지급법인세 등	11	1,112
미지급소비세 등	－	3,299
상여충당금	428	2,307
점포폐쇄손실충당금	1,681	－
재고자산처분손실충당금	337	261
자산제거채무	453	－
기타	3,993	2,512
유동부채합계	41,485	39,802
고정부채		
장기차입금	18,125	20,625
리스채무	2,428	1,486
이연법인세부채	1,351	1,342
재평가에 따른 이연세금부채	311	291
상여충당금	293	435
임원상여충당금	30	126
임원퇴직위로충당금	54	78
퇴직급여충당부채	1,474	1,424
자산제거채무	4,149	4,352
기타	312	319
고정부채합계	28,530	30,482
부채합계	70,015	70,284
순자산부분		
주주자본		
자본금	24,113	24,113
자본잉여금	42,124	42,124
이익잉여금	44,955	46,333
자기주식	△1	△1
주주자본합계	111,191	112,570
기타포괄이익누계액		
토지재평가차익금	△4,261	△4,242
퇴직급여조정누계액	1,736	1,672
기타포괄이익누계액합계	△2,525	△2,569
비지배주주지분	187	214
순자산합계	108,853	110,214
부채순자산합계	178,868	180,499

'자기자본비율' 제1장 47쪽에서 기업의 중장기적 안정성을 나타내는 것으로 설명했습니다. ROE와 ROA를 언급하려면 필요하여 먼저 언급했습니다만, 자기자본비율은 안정성을 확인하기 위해 반드시 계산해보아야하는 중요한 지표입니다.

간단히 복습하면, 자기자본비율은 다음의 식으로 구해집니다.

> 자기자본비율 = 순자산 ÷ 자산

이는 자산을 조달한 자금 중 상환할 필요가 없는 순자산의 비중을 보여주는 값으로, 기업의 중장기적 안정성과 계속해서 사업이나 회사를 꾸려나갈 수 있을지를 나타냅니다(제1장에서는 순자산의 일부인 '자기자본'을 분자로 사용한 계산식으로 설명했는데, 거기서도 언급했듯이 안정성이란 관점만을 보는 경우라면 순자산을 분자로 사용하더라도 문제는 없습니다. 그러는 편이 계산도 쉽고, 대부분 값의 차이도 별로 없습니다).

3-4 자기자본비율

▌중장기적인 안정성을 본다

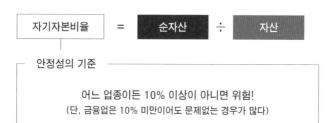

| 자기자본비율 | = | 순자산 | ÷ | 자산 |

안정성의 기준

어느 업종이든 10% 이상이 아니면 위험!
(단, 금융업은 10% 미만이어도 문제없는 경우가 많다)

맥도날드의 경우

BS

(단위 : 백만엔)

자산	부채
180,499	순자산 110,214

순자산 | 자산 | 자기자본비율

110,214 ÷ 180,499 = 61.1%

충분히 안정적인 수준을 유지하고 있다

※ 정의에 따라 엄밀히
계산하면 60.9%

일반적으로 제조업처럼 공장이나 건물 등의 고정자산을 많이 사용하는 기업은 20% 이상, 종합상사나 유통업처럼 재고 등의 유동자산을 많이 사용하는 기업은 15% 이상이면 안정적입니다. 금융은 열외로, 금융 이외의 모든 업종은 10%를 넘지 못하면 과소자본이 됩니다(금융업은 본래 보유 현금이 풍부하고 수익성도 높은 업종이어서, 10%를 밑돌아도 자금 조달에 문제가 없습니다).

예로 든 맥도날드의 자기자본비율은 약 61%였고, 닭고기 불량문제가 불거지기 전년도에는 약 80%였으므로, 20% 정도 낮아지긴 했지만 여전히 충분히 안정적인 수준을 유지하고 있습니다.

단기적인 안정성을 보기 위한 지표 ① : '유동비율'

그러나 자기자본비율이 높다고 해서 기업이 무너지지 않는다는 이야기는 아닙니다. 자기자본비율이 60% 이상이었음에도 3개월 만에 무너져버린 기업도 있습니다. 어찌된 일이었을까요? 상환기한이 곧 도래하는 유동부채를 많이 안고 있음에도 불구하고 즉시 지급에 충당할 현금, 예금이나 유가증권 등의 자산이 많지 않으면 상환할 수 없기 때문입니다.

앞에서 자기자본비율은 '중장기적' 안정성을 보여주는 지표라고 설명했습니다만, 정확하게는 '단기적인 안정성에 문제가 없는 경우, 중장기적인 안정성을 지닌다'입니다. 따라서 원래는 단기적인 안정성을 검토하는 지표부터 먼저 확인해야 합니다.

그렇다면 단기적인 안정성은 어떻게 검토해야 좋을까요? 기본적으로는 단기부채에 대한 상환 능력을 확인합하는 것으로 몇 가지 지표를 산출하는 방식입니다. 그중 첫 번째 지표가 **'유동비율'**입니다.

유동비율 = 유동자산÷유동부채

기업은 부채를 상환할 수 없게 되었을 때 무너진다고 몇 번 설명했었지요. 정확하게는 **'유동부채를 상환할 수 없게 되었을 때'** 무너집니다. 그래서 유동부채에 대한 유동자산의 비율을 계산함으로 단기적인 안정성을 확인합니다. 일반적으로는 유동비율이 **120% 이상이면 안정적**이라고 판단합니다.

3-5 유동비율

▌단기적인 안정성을 알 수 있다

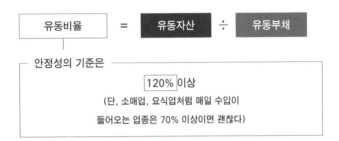

| 유동비율 | = | 유동자산 | ÷ | 유동부채 |

안정성의 기준은

120% 이상

(단, 소매업, 요식업처럼 매일 수입이
들어오는 업종은 70% 이상이면 괜찮다)

맥도날드의 경우

BS

(단위:백만엔)

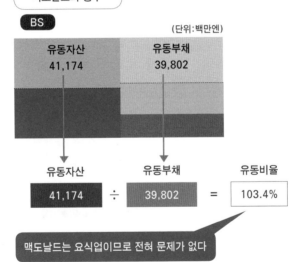

| 유동자산 | | 유동부채 |
| 41,174 | | 39,802 |

| 유동자산 | ÷ | 유동부채 | = | 유동비율 |
| 41,174 | ÷ | 39,802 | = | 103.4% |

맥도날드는 요식업이므로 전혀 문제가 없다

실제 계산을 해봅시다. 맥도날드의 유동비율은 유동자산 411억 7,400만 엔÷유동부채 398억 200만 엔=103.4%입니다. 이 수치를 보면, '안정성 기준인 120%에 미치지 못하니, 맥도날드는 단기적인 안정성에 문제가 있나요?'라고 생각할 수도 있습니다. 하지만 맥도날드처럼 매일 수입이 들어오는 사업을 영위하는 기업이나 업종이라면 유동비율이 70%만 되어도 충분합니다. 따라서 100%를 넘는 맥도날드는 전혀 문제가 없습니다.

단기적인 안정성을 보기 위한 지표 ② : '당좌비율'

유동비율과 마찬가지로 단기적인 안정성을 검토하기 위한 지표로 **당좌비율**'이 있습니다. 유동비율을 더욱 엄격하게 검토하는 지표입니다. 다음의 식으로 계산합니다.

당좌비율=당좌자산÷유동부채

'당좌자산'이란 무엇일까요. **유동자산 중에서도 더 현금화가 쉬운 자산**을 가리킵니다. 구체적으로는 유동자산 항목 중 '현금 및 예금' '받을어음 및 외상매출금' '유

가증권' 등의 합계에서 '대손충당금'을 뺀 값입니다. 대
손충당금이란 받을어음 및 외상매출금 중 회수하지 못
할 가능성이 높은 부분입니다.

이런 당좌자산을 유동부채로 나눈 것이 '당좌비율'입
니다. 일반적으로 이 지표는 **90% 이상이면 안정적**이라
고 봅니다. 바로 맥도날드의 당좌비율을 계산해 봅시다.

(현금 및 예금 212억 4,400만 엔+외상매출금 105억 5,800
만 엔-대손충당금 11억 3,600만 엔)÷유동부채 398억 200
만 엔=77.0%

계산하니 77.0%가 나왔습니다. 유동비율과 마찬가지
로 일반적인 안정성 기준보다는 낮지만, 맥도날드처럼
매일 수입이 들어오는 기업의 당좌비율로는 충분히 안
정적인 수준입니다. 다음 설명에서 그 이유를 좀더 자세
히 살펴보겠습니다.

3-6 당좌비율

▌유동비율을 더욱 엄격하게 본다

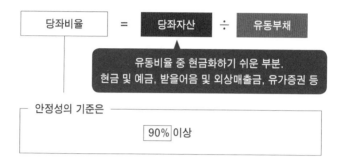

| 당좌비율 | = | 당좌자산 | ÷ | 유동부채 |

> 유동비율 중 현금화하기 쉬운 부분.
> 현금 및 예금, 받을어음 및 외상매출금, 유가증권 등

안정성의 기준은

90% 이상

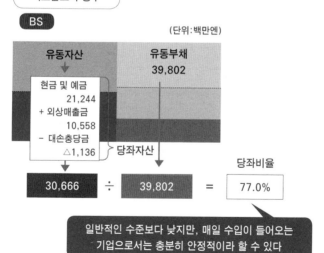

맥도날드의 경우

BS

(단위:백만엔)

유동자산

현금 및 예금
21,244
+ 외상매출금
10,558
− 대손충당금
△1,136

유동부채
39,802

당좌자산

| 30,666 | ÷ | 39,802 | = | 당좌비율
77.0% |

> 일반적인 수준보다 낮지만, 매일 수입이 들어오는
> 기업으로서는 충분히 안정적이라 할 수 있다

유동비율이나 당좌비율도, 자기자본비율과 마찬가지로 업종에 따라 기준이 크게 달라집니다. 기업의 80%는 앞서 설명한 대로지만, 나머지 20% 기업들은 다른 기준으로 봐야합니다.

예를 들면, 유동비율이 낮아도 자금이 충분히 잘 도는 기업이 존재합니다. 가스회사나 철도회사, 전력회사 등입니다. 구체적인 예를 살펴보겠습니다.

JR니시니혼(서일본여객철도)*의 재무상태표(2017년 3월기 결산)에서 유동비율을 계산하면, 64.5%입니다. 120% 이상이라는 안정성 기준에 비추면 절반 정도에 불과합니다. 기업분석 초보자가 이 숫자를 본다면 '이대로 무너져버리지 않을까'라고 생각하겠지만, JR니시니혼이 무너질 일은 없습니다. 그 이유는 '① 매일 수입이 들어온다' '② 외상매출금이 적다' '③ 실적이 안정적이다.' 이 조건들을 만족하기 때문이죠.

게다가 철도회사는 유동비율이 작게 산출되는 경향이

---

* 오사카 등 일본 서쪽 지방의 노선망을 지닌 철도회사로, 도쿄 증권거래소 1부에 상장되어 있다.

있습니다. 그 이유를 들자면 첫째, 철도회사는 재고자산이 거의 없기 때문에 아무래도 유동자산이 적을 수밖에 없습니다. 철도를 움직이기 위한 전력같은 경우, 저장이 불가능하므로 재고나 원재료 등의 재고자산에는 포함되지 않습니다.

또 외상으로 기차를 타는 사람은 거의 없으므로 '받을어음 및 외상매출금(유동자산에 포함)'도 적습니다. 게다가 정기권이나 IC카드는 선불이기 때문에 '선수금(유동부채에 포함)'도 꽤 많습니다.

두 번째 이유는, 철도사업은 토지나 건물, 선로, 열차 등의 고정자산이 많은 업종이란 점입니다. 따라서 잉여자금이 있으면 고정자산 구매에 사용하므로 유동자산 비중은 더욱 낮아져버립니다.

세 번째 이유는, 소모품 구매 등으로 외상매입금이나 단기차입금은 일반 회사와 동일하게 발생하기 때문에, 유동부채가 그다지 적지 않다는 점입니다. 즉, 유동자산이 유동부채에 비해 적어지기 쉬운 경향이 있어, 유동비율이 매우 낮아져버립니다. 그럼에도 불구하고 철도회사는 안정적으로 매일 수입이 들어오기 때문에 단기적인 안정성에는 문제가 없습니다.

소매업이나 요식업처럼 '매일의 수입'이 들어오는 업

종은, 철도회사만큼은 아니어도 유동비율이 70% 정도이면 문제없는 경우가 많습니다. 여러분도 자신의 회사나 자신의 회사가 속한 업종의 기준을 확인해 보기 바랍니다. 업종에 따른 차이가 꽤 큽니다.

지표를 볼 때는, 정의를 이해하고, 일반적인 기준값을 안 다음, 자신의 회사나 업계의 수치를 확인하는 것이 중요합니다. 나아가 여기서 언급한 기준과는 수치 차이가 큰 업계도 분석해본다면 더욱 깊게 이해할 수 있습니다.

유동비율이 높아도 자금 융통이 어려운 의료와 개호업계

반대로 유동비율이 높아도 어려운 업종이 있습니다. 대표적인 것이 의료나 개호업계입니다.

우리가 병원에서 진료를 받을 때 내는 돈은 전액이 아닙니다. 보통은 30%만 내고, 나머지 70%는 국민건강보험이나 건강보험공단 등에서 지급합니다.[*]

나머지 70%는 1개월 반에서 2개월 후에야 병원에 지급됩니다. 다시 말해 병원 입장에서는 그 자리에서 30%

---

[*] 한국의 건강보험보장률은 2017년 기준 62.7%이다.

만 바로 받고, 나머지 70%는 외상(외상매출금)이 됩니다. 70%의 돈이 들어오지 않는 동안에도 병원을 운영하는 한 비용은 발생하기 때문에, 사업의 관점에서 본다면 자금 융통이 꽤 어려운 업종입니다. 특히 매출이 증가하면 외상매출금도 증가합니다.

개호사업은 자금 융통 면에서 병원보다도 더 어려운 업종입니다.

공적보험으로 개호서비스를 받을 경우, 자기부담은 보통 10%입니다.* 나머지 90%는 개호사업 자치단체 등으로부터 회수해야 하고, 회수까지는 1개월 반에서 2개월 반 정도가 걸립니다. 이 분야는 성장업종이라 표면적으로는 이익이 나더라도 자금 융통은 그다지 녹록치 않은 업체도 많습니다.

그렇기 때문에 표준적인 유동비율로는 자금 융통이 쉽지 않다고 할 수 있습니다. 그렇다면 유동비율을 높이려면 어떡해야 좋을까요. 우선 유동부채를 가능한 만큼 고정부채로 이동시킵니다. 가장 안전한 방법은 주식으로 자금을 조달하여 부채를 줄이는 것입니다. 니치이가

---

* 한국은 요양등급 3급 기준으로 15%이다.

칸이나 센토케어 같은 일본 대형 재택개호회사의 증시 상장은 이런 이유 때문이기도 합니다.

주식으로 자금을 조달하면, 순자산이 증가하여 자기 자본비율은 높아집니다. 다시 말해, 개호사업자처럼 유동비율이 높아야만 하는 업종의 기업은 자기자본비율 역시 높여두어야만 합니다.

한편 앞서 본 철도회사처럼 매일 수입이 들어오고, 실적이 안정적인 업종이라면, 자기자본비율이 비교적 낮더라도 괜찮습니다. 유동비율과 자기자본비율 사이에도 관계가 있음을 알 수 있지요(참고로 도쿄전력처럼 평상시의 낮은 자기자본비율이 문제가 안 되었을 기업이라도 실적이 불안정해지면 결국 낮은 자기자본비율이 치명상이 될 수 있습니다. 자기자본비율이 낮아도 괜찮으려면, 실적이 장기적으로 안정적이라는 대전제를 충족해야 합니다).

회사 위기 시에 가장 먼저 보아야할 지표 : 수중유동성

자금 융통이 곤란하여 도산의 위기가 눈앞에 닥친 회사가 있다고 합시다. 이런 회사를 분석할 때, **제가 가장 먼저 보는 것은 '수중유동성'이란 지표입니다.** 이것은 유동비율이나 당좌비율보다도 더욱 단기인 기간에 자금 융통을 이어갈 수 있는지를 조사하는 지표입니다.

반복해 말하지만, 기업은 유동부채를 상환하지 못할 때 무너집니다. 설사 채무초과(순자산이 마이너스인 상태)에 빠지더라도 당장 상환에 필요한 돈만 있으면 무너지지 않습니다. 또한 부채 상환이 아니라 직원에게 급여를 지급하지 못하는 등의 상황이어도, 사업 연속성에 대한 리스크는 매우 높아집니다.

어찌 되었든 이런 상황에서는 수중에 바로 사용할 수 있는 돈이 얼마나 있는지를 보여주는 지표인 '수중유동성'을 산출합니다. 수중유동성은 다음의 식으로 구해집니다.

수중유동성 = (현금과 예금+유가증권 등 바로 현금화가

가능한 자산+바로 조달 가능한 자금)÷월 매출액

현금과 예금, 유가증권(주로 유동자산에 속해 있음)은 재무상태표에 기재되어 있지만, 차입 등을 통해 '바로 조달 가능한 자금'은 재무상태표에서 확인할 수가 없습니다. 또한 자금 융통이 어려운 회사라면 바로 빌릴 수 있는 자금이 없는 경우도 많습니다. 그렇기 때문에 자신의

회사나 내부자료를 입수할 수 있는 회사의 수중유동성을 산출할 때라면 앞의 식을 사용하면 되지만, 일반적으로 타사의 수중유동성을 산출하는 경우라면 다음의 식을 사용합니다.

수중유동성 = (현금과 예금+유동자산 중 유가증권)
　　　　　 ÷월 매출액

이 방법이 가장 실무적이면서 확실합니다.

수중유동성의 안전 기준은, 대기업이라면 1개월분, JASDAQ 상장, 도쿄증시 2부 상장 정도인 중간 규모 기업이라면 1.2~1.5개월분. 중소기업은 1.7개월분 정도가 있는지 여부를 보면 됩니다.

기업 규모가 작을수록 수중유동성이 많이 필요한 이유는, 자금을 조달할 수 있는 속도가 느리기 때문입니다. 1부 상장기업이라면 거래은행 등에 의뢰하여 수십억 엔, 경우에 따라서는 100억 엔 단위의 자금을 당일에 조달할 수도 있습니다. 하지만 중소기업의 경우는 작은 규모의 자금도 1, 2주가 걸리기도 합니다.

덧붙이자면, 금융위기가 닥쳤을 때는 대출을 받아서

라도 이 기준보다 더 높은 수중유동성을 확보해야 합니다. 회사가 위기에 빠졌을 때, 단기적으로 의지할 수 있는 것은 '자사에서 통제할 수 있는 자금'뿐이기 때문입니다. 저도 금융 상황이 불안한 시기에는 세미나 등에서 "수중유동성을 높여두라"고 조언합니다. 계속 반복해 말하지만, 기업은 상환이나 지급에 충당할 돈이 없어졌을 때 무너지게 되니까요.

3-7 수중유동성

■ 자금 융통의 지속가능성 여부를 알 수 있다

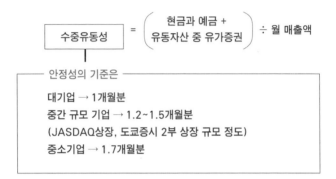

수중유동성 = (현금과 예금 + 유동자산 중 유가증권) ÷ 월 매출액

─ 안정성의 기준은 ─

대기업 → 1개월분
중간 규모 기업 → 1.2~1.5개월분
(JASDAQ상장, 도쿄증시 2부 상장 규모 정도)
중소기업 → 1.7개월분

맥도날드의 경우

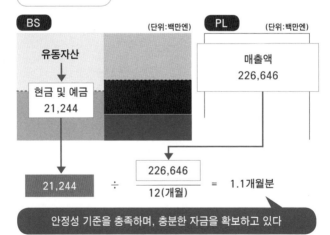

BS

유동자산
↓
현금 및 예금
21,244

(단위:백만엔)

PL

(단위:백만엔)

매출액
226,646

21,244 ÷ $\frac{226,646}{12(개월)}$ = 1.1개월분

안정성 기준을 충족하며, 충분한 자금을 확보하고 있다

그럼 이제 맥도날드의 수중유동성을 계산해 보겠습니다. 1년간 매출액인 2,266억 4,600만 엔을 12(개월)로 나누면, 월 매출액은 188억 8,700만 엔이 됩니다. 이것을 식에 대입하면 다음과 같이 계산됩니다.

(현금 및 예금 212억 4,400만 엔 + 유가증권 0엔) ÷ 월 매출액 188억 8,700만 엔 = 1.1개월분

맥도날드의 수중유동성은 1.1개월분이므로, 대기업의 안정성 기준인 1개월분을 상회합니다. 게다가 매일 수입이 들어오는 사업이기도 해서 충분히 안정적이라고 할 수 있습니다.

참고로, 회사가 바로 사용할 수 있는 돈이 가장 적어지는 날은 한 달 중 언제일까요? 대부분의 경우 월급날입니다. 월급날이 아니더라도 월급날부터 월말에 걸친 기간에는 대부분 회사가 자금이 바닥납니다.

월급날은 직장인에게는 가장 즐거운 날이지만, 자금융통을 고려해야하는 회사의 입장에서는 가장 힘든 날입니다.

저는 기업의 자금이 바닥인 월급날 직후 시점에, 최소한도 1개월분의 수중유동성을 확보해둬야만 한다고 생각합니다. 이론적으로는 자금이 바닥일 때, 1엔이라도 돈이 있으면 도산하지 않지만, 예정되었던 외상매입금이나 지급어음의 회수가 상대방 사정으로 불가능해지기도 합니다. 상대방이 자금 융통에 어려움을 겪거나, 도산하는 경우도 있기 때문이지요. 그런 경우라도 1개월분의 수중유동성이 있으면 일단 안심입니다. 연쇄 도산을 막기 위해서라도 여유를 둔 자금 융통이 중요합니다.

본래의 의미에서, 충분한 수중유동성이란 '경영자가 자금 융통을 걱정하지 않아도 괜찮은 수준'이라고 저는 생각합니다. 자금 융통이 힘들어지면, 고객을 최우선하는 것이 아니라 자금 융통을 최우선으로 하는 경영자들을 많이 봐왔기 때문입니다.

안정성은 '현금에 가까운 것'부터 본다

지금까지 '자기자본비율' '유동비율' '당좌비율' '수중유동성'이란 네 가지 지표를 설명했습니다. 하지만 이 네 가지의 단순한 계산만으로 판단해서는 안 됩니다. 중요한 것은 그 순서입니다.

기업의 안정성을 정확히 확인하려면, '현금에 가까운 것'부터 보는 것이 대원칙입니다. 아무리 자기자본비율이 높아도 단기적으로 자금을 융통할 수 없다면 무너지고 맙니다. 따라서 **긴급한 순서, 즉 단기성 지표부터 봐야만** 합니다.

여러분은 반드시 다음의 순서로 보기 바랍니다.

① 수중유동성
② 당좌비율 또는 유동비율 (어느 것이어도 상관없습니다. 미국에서는 주로 당좌비율을 사용합니다)
③ 자기자본비율

제 고객 중에도 우선순위를 잘못 잡아, 도산 위기에 빠진 경우가 있습니다. 그분은 모 회사의 사장이었고, 경기가 좋은 시절에 '자기자본비율'을 올리고자 했습니다. 자기자본비율을 올리려면 다음의 두 가지 방법이 있습니다. 한 가지는 증자를 하거나 이익을 축적하여 순자산을 늘리는 것이고, 또 한 가지는 더 빠르고 손쉬운 방법으로 자산을 줄이는 것입니다. 하지만 왼쪽과 오른쪽 각각의 합이 일치해야하는 재무상태표의 구조에서 알 수 있듯이, 자산만을 줄일 수는 없고 부채와 자산을 동시에 줄여야 합니다.

이분의 회사는 매년 실적이 순조롭게 성장하고 있었으므로, 보유하던 현금과 예금으로 대출금을 상환하여 부채와 자산 양쪽을 모두 줄이고자 했습니다. 자금이 부족해지면 또 빌리면 된다고 생각한 것이지요. 그런데 그 직후에 금융위기가 닥치고 말았습니다. 현금과 예금은 대출금 상환에 써버렸기 때문에 남은 돈이 충분치 않았습니다.

그래서 은행에서 돈을 빌리고자 했으나 돈을 빌릴 수 없었습니다. 금융위기 등의 시기에는 은행이 돈을 잘 빌려주지 않기 때문입니다.

이처럼 실적이 비교적 순조롭게 늘고 있어도 돈이 없으면 도산의 위기에 빠져버리는 경우가 있기 때문에, 어느 일정 수준 이상의 수중유동성을 확보해 두는 것이 매우 중요합니다. 위기에는 현금이나 예금을 월 매출의 수개월분만큼 가지고 있어도 좋습니다. **현금과 예금은 어떤 의미에서, 위기를 극복하기 위한 '보험'**입니다. 저는 직업상 항상 거시경제를 분석하므로, 앞서 이야기했듯이 강연 등에서 대불황이나 금융위기가 닥칠 것 같다는 느낌이 들면, **'대출을 받아서라도 수중유동성을 높여두**

십시오'라고 경영자들에게 조언합니다.

　기업의 안정성은 반드시 현금과 가까운 것부터 봐야 합니다. 절대 순서가 틀리지 않도록 해주십시오.

　확실히 돈을 빌리면 자기자본비율은 떨어져버립니다. 우선순위를 모르는 사람들은 "자기자본비율을 떨어뜨리고 싶지 않으므로 대출은 받지 않는다"라고 말합니다. 하지만 이런 사고로는 회사를 망하게 할 수 있습니다. 반복합니다만, 수중유동성이 부족할 때는 돈을 빌려서라도 현금과 예금을 늘려 놓지 않으면 회사는 무너질 수 있습니다. 이 점을 절대로 간과해선 안 됩니다.

3-8 네 가지 지표를 보는 순서

▌긴급성이 높은 순으로 본다

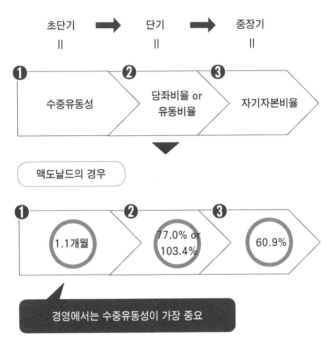

- 수중유동성이 낮은 경우에는 돈을 빌려서라도
  (=자기자본비율을 낮춰서라도)
  바로 사용할 수 있는 돈을 확보해둘 필요가 있다
- 특히 위기 시에는 이렇게 하지 않으면
  회사는 무너져버릴 수 있다

기업의 안정성을 자세히 검토할 때는, 지금까지 소개한 네 가지 지표 외에 각각의 계정과목을 분석합니다. 다만 재무상태표의 계정과목은 너무 많아 모두 얘기하려면 쉽지 않습니다. 재무제표를 분석할 때 그렇게까지는 필요하지 않은 경우도 많습니다(만약 특수한 계정과목이 나온 경우에는 그때마다 인터넷 등에서 조사하면 됩니다).

여기서는 중요하지만 지금까지 자세히 언급하지 않은 계정과목들을 추려서 설명하고자 합니다.

참고로 어느 회사든 제가 공통으로 보는 항목은, 당연하지만 '유동자산합계' '유동부채합계' '자산합계' '순자산합계' 등입니다. '현금 및 예금' '재고자산' '이익잉여금' 등도 자주 봅니다. 유이자부채(대출금 또는 회사채 등) 항목의 금액이 늘어나고 있지는 않은지도 자주 확인합니다. 이밖에 무엇을 주목하는지는 회사에 따라 다릅니다.

그렇다면 우선, 유이자부채를 보는 방법에 관해 설명하겠습니다. 유이자부채는 문자 그대로 '이자를 더해 상환해야 하는 부채'입니다. 구체적으로는 다음과 같은 것들을 포함합니다. 유동부채 중의 '단기차입금' '기업어음' '1년 이내 상환 예정인 장기차입금' '1년 이내 상환 예정인 회사채' '1년 이내 상환 예정인 신주예약권부사채', 고정부채 중에는 '회사채' '장기차입금' 등입니다. '리스채무'도 유이자부채입니다.

차입금이란 주로 은행에서 빌린 돈입니다. 단기차입금은 1년 이내에 상환해야할 대출, 장기차입금은 상환기간이 1년 이상인 대출입니다(장기차입금이어도 그 상환기일이 1년 이내인 대출은 '1년 이내 상환 예정인 장기차입금'이 되어 유동부채로 과목을 바꿉니다).

회사채는 회사가 발행한 채권으로 주로 투자자가 삽니다. 중소기업이라면 은행이 사는 경우도 많아, 실질적으로는 차입금과 동일한 경우가 많습니다. 기업어음은 단기사채라고 생각하면 됩니다.

이들의 합계가 순자산합계나 자산합계와 비교해 어느 정도인가, 지급이자는 얼마나 되는가 등을 조사합니다. 예를 들면 맥도날드의 경우 2016년 12월기 결산에서 단기차입금은 없고, 1년 이내 상환 예정인 장기차입금은 25억 엔, 리스채무는 유동, 고정 합하여 26억 3,800만 엔, 장기차입금은 206억 2,500만 엔이므로 합하면 257억 6,300만 엔이 됩니다. 이는 자산합계 1,804억 9,900만 엔과 비교했을 때 상당히 적은 금액입니다.

이를 자기자본 1,100억 엔과 비교하면 0.23배가 되는데, 이 지표를 'D/E비율Debt Equity Ratio'이라고 합니다. 유이자부채가 많은지를 볼 때 사용하기도 합니다. 일반적으로 1배를 밑돌면 안정적이라 여기므로, 맥도날드의 경우는 전혀 문제가 없습니다.

또한 손익계산서에서 '지급이자'를 조사하면 2억 4,100만 엔입니다. 영업이익이 69억 3,000만 엔임을 감안하면 그다지 큰 금액이 아닙니다. 맥도날드의 유이자부채 상황에는 전혀 문제가 없습니다.

유이자부채를 확인할 때 조심해야할 것은 51쪽에서도 언급했던 '1년 규칙'입니다. 부채부분의 이 1년 규칙은, 상환기한이 1년하고 1일만 더 있어도 고정부채로 분류합니다. 따라서 1년 1일 후에 상환해야할 대출금이 많아도 장기부채이므로 안심했다가, 1년이 지난 직후 회사가 갑자기 무너져버리는 경우도 있을 수 있습니다. 고정부채라 할지라도 상환기한이 1년하고 며칠인지, 아니면 몇 년인지에 대해선 알 수가 없다는 점에 주의해야 합니다.

이와 관련하여, 한 가지 더 주의할 계정과목은 '1년 이내 상환 예정인 장기차입금'입니다. 장기차입금이란 상환기한이 1년을 1일이라도 넘는 대출로, 빌릴 당시에는

3-9 D/E비율

▌유이자부채의 많은 정도를 안다

| D/E비율 | = | 유이자부채 | ÷ | 자기자본 |

┌─ 안정성의 기준은 ─────────────────────┐
│   1배 미만   │
└──────────────────────────────────┘

맥도날드의 경우

(단위:백만엔) **BS**

┌─────────────────────────┐
│ 1년 이내 상환 예정인 장기차
│   입금 2,500
│ 리스채무(유동·고정) 2,638
│ 장기차입금 20,625
└─────────────────────────┘

유이자
부채

| 25,763 | ÷ | 110,000 | = | 0.23배 |

자기자본   D/E비율

1배를 크게 밑돌므로 전혀 문제가 없다고 할 수 있다

당연히 고정부채로 분류됩니다. 하지만 예를 들어 5년을 상환기한으로 빌린 대출도 4년 이상 지나면, 그것은 1년 이내에 상환해야할 대출로 바뀌겠지요. 이런 경우는 앞서 설명한 대로, 고정부채의 '장기차입금'에서 유동부채의 '1년 이내 상환 예정인 장기차입금'으로 과목이 바뀌는 규칙이 적용됩니다.

상장기업이라면 감사도 받으므로 이 규칙을 엄격하게 지킵니다만, 비상장 중소기업의 경우는 이런 과목변경을 하지 않는 사례가 꽤 있습니다. 꽤 있는 정도가 아니라 제 경험상 대부분의 기업이 하지 않습니다. 그러니 어느 날 갑자기 장기차입금(본래는 1년 이내 상환 예정인 장기차입금)을 상환하지 못해 도산하는 경우가 생깁니다. 기업의 안정성을 검토할 때는 이 점도 주의가 필요합니다.

칼럼

맥도날드는 '위기 상황'을 벗어났을까?

앞서 언급한 대로, 맥도날드는 2014년 7월 닭고기 불량 문제가 발각되면서 실적이 급속히 악화되었습니다. 현시점에서 '안정성'에 문제가 없다는 것은 알겠으나, 맥도날드는 정말로 '위기 상황'을 벗어났을까요? 이곳의 재무상태표를 더욱 자세히 분석해 보겠습니다. 주목할 점은 '현금과 예금' 그리고 '차입금'의 추이입니다.

[3-10]은 과거 4개 기수의 재무상태표에서 현금과 예금, 차입금을 발췌한 것입니다. 여기서 2013년 12월기는 은폐 문제가 발각되기 전입니다.

2013년 12월기에는 장기차입금만 5억 엔이 있습니다. 현금과 예금을 450억 엔이나 가지고 있으므로, 5억 엔의 차입금은 애초에 빌려 쓸 필요가 없습니다. 맥도날드는 전부터 5억 엔의 차입금을 유지해왔는데, 아마 은행과의 의리 등을 이유로 차입하고 있었을 테지요. 따라서 은폐 문제가 발각되기 전까지는 실질적으로 무차입 기업이었습니다.

은폐 문제가 발각된 2014년 12월기의 현금과 예금은 286억 엔으로, 이전 기보다 164억 엔이나 감소했습니다. 실적이 나빠지자, 현금과 예금을 빼서 실적 회복을 위한 매장 리모델링 등에 투자했기 때문이지요. 이 시점에서 차입금은 아직 '장기차입금 5억 엔'뿐으로 변화는 없습니다.

3-10 맥도날드의 과거 4년간 재무상태표 (발췌)

(단위:백만엔)

	2013년 12월기말	2014년 12월기말	2015년 12월기말	2016년 12월기말
자산부분				
현금과 예금	45,041	28,628	20,388	21,244
부채부분				
단기차입금	–	–	5,000	–
1년 이내 상환 예 정인 장기차입금	–	–	2,500	2,500
장기차입금	500	500	18,125	20,625
자기자본비율(%)	80.5	78.5	60.8	60.9

　그런데 2015년 12월기에는, 단기차입금 50억 엔, 1년 이내 상환 예정인 장기차입금 25억 엔, 장기차입금 181억 엔, 도합 256억 엔을 차입하고 있습니다. 실적 악화가 멈추지 않자, 실적 회복을 위한 추가 자금이 필요했기 때문입니다.

　그 결과 자기자본비율은 크게 낮아졌지만, 수중유동성은 1.3개월분으로 대기업으로서는 높은 수준을 유지했습니다. 앞에서 '위기에는 돈을 빌려서라도 수중유동성을 높이는 것이 중요하다'고 했습니다만, 맥도날드도 이를 바로 실행한 것이지요.

맥도날드는 가장 최근인 2016년 12월기가 되자 단기 차입금을 모두 상환했습니다. 이에 따라 수중유동성은 앞서 계산한 대로 1.1개월분으로 하락했습니다. 한편 과거 4개 기수의 손익계산서를 보면([3-11]) 2연속 적자이던 것이 2016년 12월기가 되어 흑자 전환했음을 알 수 있습니다.

이러한 것들로부터, '은폐 문제 위기에 대응하기 위해 2014년 12월기에 많은 현금과 예금을 사용하였고, 그것으로도 모자라 2015년 12월기에는 대출도 받았다.

3-11 맥도날드의 과거 4년간 손익계산서 (발췌)

(단위:백만엔)

	2013년 12월기	2014년 12월기	2015년 12월기	2016년 12월기
매출액	260,441	222,319	189,473	226,646
영업이익	11,524	△6,714	△23,440	6,930
경상이익	10,236	△7,974	△25,898	6,614
당기순이익	5,138	△21,843	△34,951	5,366

그러다가 2016년 12월기에 들어 실적이 회복되기 시작하자 차입금을 상환하기 시작했다. 따라서 최악의 위기 상황은 벗어난 것 같다'고 파악할 수 있습니다.

하지만 은폐 문제가 발각되기 전인 2013년 12월기의 매출액까지는 아직 회복하지 못했습니다. 맥도날드는 앞으로도 실적을 회복시켜 나갈 수 있을까요. 이것을 예측할 힌트는 현금흐름표에 있습니다. 273쪽에서 다시 언급하도록 하겠습니다.

'받을어음 및 외상매출금 - 지급어음 및 외상매입금'으로 자금 부담을 조사한다

기왕이면 '부채부분'에서 한 가지 더 확인할 점은 유동부채 중 '지급어음 및 외상매입금'입니다. 이것은 물건이나 서비스 등을 구매했지만 아직 지급을 끝내지 않은 돈입니다. '받을어음 및 외상매출금'은 54쪽에서 설명했듯이, 판매했지만 회수가 안 된 돈입니다. '지급어음 및 외상매입금'과 반대입니다.

이 두 가지 계정과목으로 자금 부담이 얼마나 과중한

지를 조사할 수 있습니다. 여기서 아직 회수가 안 된 돈은 '받을어음 및 외상매출금', 지급이 유예된 돈은 '지급어음 및 외상매입금'입니다. 따라서 **'받을어음 및 외상매출금'이 많을수록 자금 부담이 무거워지고, 거꾸로 '지급어음 및 외상매입금'이 많을수록 자금 부담이 가벼워집니다.**

여기서는 좋은 대조를 이루는 기린과 패스트리테일링의 사례를 비교해 보겠습니다.

먼저 기린의 경우, 2016년 12월기에 '받을어음 및 외상매출금'이 3,935억 엔, '지급어음 및 외상매입금'은 1,358억 100만 엔입니다([1-11] 참고). 받을어음 및 외상매출금 쪽이 2,576억 9,900만 엔 많으므로 그만큼 자금 부담이 있다고 할 수 있습니다. 자금 부담분은 단기차입금이나 자사의 현금과 예금 등으로 충당해야만 합니다.

동일한 계산을 유니클로 등의 사업을 보유한 패스트리테일링의 2016년 8월기에도 해보겠습니다. '받을어음 및 외상매출금(외상매출금 및 기타 단기채권)'은 451억 7,800만 엔, '지급어음 및 외상매입금(외상매입금 및 기타 단기채무)'는 1,895억 100만 엔입니다. 이 기업은 기린과는 반대로 구매했지만 지급하지 않은 돈 쪽이 훨씬 많습니다.

현금판매가 많아 외상매출금이 적은 반면, 구매한 업체와는 현금이 아닌 외상매입금 등으로 거래하는 것이겠지요. 그만큼 현금을 지급하지 않고 끝나므로 자금 부담은 가벼워집니다.

참고로, 지급어음 및 외상매입금과 관련하여 '미지급금'이란 계정과목이 있습니다. 이것도 지급어음 및 외상매입금과 마찬가지로, 지급하지 않은 금액입니다. 다만 지급어음 및 외상매입금은 주로 본업과 직접 관련된 거래로 인하여 생긴다는 점에서 다릅니다. 예를 들면 물품 구매 등의 거래입니다. 한편 미지급금은 본업 이외의 거래로 생겨나며 임대료 등이 이에 포함됩니다.

또한 재무상태표 중 '부채부분'을 보면 '퇴직급여충당금' '상여충당금'처럼 '충당금'이란 단어가 보입니다. '충당금'이란 장래에 발생할 지출입니다. 앞으로 어떤 용도로 얼마큼의 금액이 필요할지를 어느 정도 확정하여 충당금으로 계상하고, 그만큼을 비용화한 것입니다(단 '대손충당금'은 자산부분에 마이너스 값으로 기재합니다. 이것은 받을어음 및 외상매출금 중 높은 확률로 회수가 불가능하리라 예상하는 부분으로, 자산에 마이너스로 계상합니다. 또 그 금액은 손익계산서에 비용으로도 계상합니다. 예를 들면, 상품을 판매했지만 상대 기업이 도산하여 대금을 회수하지 못할 가능성이 높은 경우에는 대손충당금으로 분류합니다).

예를 들면, '퇴직급여충당금'은 미래에 직원에게 지급해야만 하는 퇴직금이나 퇴직연금 등을 계상한 과목입니다. 이것은 어디까지나 회사 자체의 퇴직급여제도에 따르므로 공적연금 등은 포함하지 않습니다. 이것 역시 얼마나 필요한지가 확정된 단계에서 충당금으로 계상하며, 동시에 손익계산서상의 비용이 됩니다.

재무회계에서는 미래 나갈 돈이 확정된 시점에서 가능한 한 빨리 비용화하는 것이 대원칙입니다. 충당금은 미리 비용화시킨 부분을 부채로 계상한 것입니다.

매출은 줄어드는데 '재고자산'이 늘고 있다면 주의가 필요

유동부채 중 **'재고자산'도 중요한 체크포인트**입니다. 이것은 '재고'입니다. 보통은 '상품 및 제품' '재공품' '원재료 및 저장품'과 같이 세분화하여 재무상태표에 계상합니다.

단 맥도날드 같은 패스트푸드 산업의 경우, 상품 회전이 빠르기 때문에 대개는 재고가 많지 않습니다. 실제 맥도날드의 재무상태표를 보더라도, 계상된 재고자산은 '원재료 및 저장품 9억 9,900만 엔'뿐입니다([3-3] 참고). 그래서 여기서는 잠시 앞으로 돌아가 기린의 재고자산을 살펴보겠습니다([1-11] 참고).

기린의 '상품 및 제품'은 1,353억 3,500만 엔으로 계상되어 있습니다. 여기서 '상품'과 '제품'은 어떻게 다를까요. 통상적으로 상품은 구매한 것, 제품은 자사에서 제조한 것으로 구분하여 사용합니다.

'재공품'은 252억 2,900만 엔으로 있네요. 이것은 기말시점에, 원재료부터 제품에 이르기까지의 중간 과정에 있는, 이른바 '반제품'이라 불리는 것들입니다. 기말시점에 존재하는, 만드는 과정 중의 제품들인 셈이지요.

'원재료 및 저장품'은 470억 4,500만 엔으로 있습니다. 발포주를 예로 들면, 원재료에는 맥아, 홉, 보리, 옥수수, 설탕 등이 있습니다. 저장품은 이 중에서도 오래 보존이 가능한 재료를 가리킵니다.

3-12 '재고자산'에는 주의가 필요

■ '재고자산'이란?

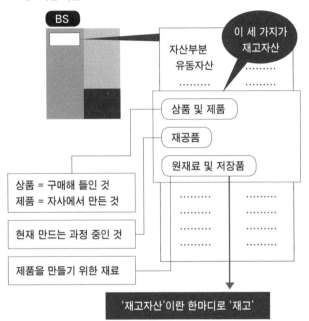

■ 매출이 늘지 않는데……

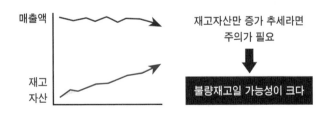

여기서 기억해야할 것은, 이것들은 원칙적으로 구매 당시의 가격으로 계상된다는 점입니다. 상품은 구매 당시의 가격, 제품은 원재료와 그것을 만들기 위해 필요한 인건비, 전기료 등 제작과정에 들어간 모든 비용을 포함합니다. 이것은 '제조원가'이지, 판매가격이 아니라는 점에 주의하십시오. 재무상태표에 계상된 모든 계정과목은 원칙적으로 구매했을 때의 가격, 만들었을 때의 가격으로 표시됩니다.

재고자산을 검토할 때의 또 한 가지 중요한 핵심은 바로, 재고 중에는 오래되어 팔리지 않는 것들도 있다는 것입니다. 이처럼 팔리지 않게 된 재고는 보통 그만큼을 손실로 계상하여 재고자산의 잔고를 줄입니다만, 실적이 악화된 기업은 그 손실분을 그 시점에서 처리하지 않고 뒤로 미루기도 합니다. 사실 재고가 있어도 그것이 팔리는 재고인지, 팔리지 않는 재고인지 여부를 외부 사람은 잘 모르니까요.

재고자산은 매출액에 대한 비율로 점검하는데, 증가 추세라면 주의해야 합니다. 특히 매출은 줄어드는데 재고자산은 줄어들지 않거나 또는 늘고 있다면, 불량 재고가 쌓이고 있을 가능성이 높으므로, 엄중한 주의가 필요합니다(재고자산은 매출원가와의 관계도 중요한데, 이것에 관해서는 214쪽의 '매출원가를 검토할 때의 주의점'에서 다시 설명하겠습니다).

마찬가지로 '외상매출금'이나 '받을어음' 잔고가 매출액 대비로 비율이 상승하는 경우에도 조심해야 합니다. 상대방과의 지급조건을 바꾸거나, 경우에 따라서는 기말에 밀어내기식 판매 등을 하는 일도 있기 때문입니다. 게다가 거의 드문 일이긴 하지만, 가상 매출을 계상하는 곳도 있습니다. 가상으로 매출을 계상했다면 당연히 현금은 회수되지 않으므로 외상매출금만 불어나 있기 때문입니다. 이것은 물론 '분식'으로, 금지된 일이지만 전혀 없다고 단언할 수도 없습니다.

이익잉여금은 현금이라고 할 수 없다

'이익잉여금'에 관해서는 제1장의 66~68쪽에서도 설명했습니다. 창출된 이익(순이익)이 누적된 것으로, 이를 가지고 주주에게 배당금을 지급합니다.

다만 제1장에서는 설명이 복잡해지기 때문에 군이 설명하지 않았던 부분이 있습니다. 그것은 '이익잉여금은 현금이라고 할 수 없다'는 점입니다.

복습입니다만, 이익잉여금이 들어 있는 재무상태표의 오른쪽은 '자금의 조달원'을 나타냅니다. 반면 왼쪽(자산 부분)에는 그 자금을 어떻게 사용했는지가 기재됩니다. **이익잉여금의 최초 형태는 현금일지 몰라도, 왼쪽 '자산 부분'에서는 그것이 설비나 기계, 건물 등으로 바뀌어 있기도 합니다.**

따라서 이익잉여금이 풍족하게 있더라도, 당장 수중에 자금이 없으면 도산하는 일도 생깁니다.

여기서 꼭 기억해야할 것은 **재무상태표의 오른쪽은 어디까지나 '자금의 조달원'이지, 자금 그 자체는 아니다**라는 점입니다. 반드시 이 점을 기억해주기 바랍니다.

그러면 자금 그 자체는 어디에 기재되어 있을까요. 이것은 당연하지만, 왼쪽의 '자산부분(유동자산)'에 기재된 '현금과 예금' 또는 '유가증권'입니다. 경영자라면 최소한 자신의 회사가 얼마큼의 현금과 예금을 가졌는지, 월말이나 월초에 반드시 확인해놓아야만 합니다.

'수익성'을 분석한다

> 이어서 손익계산서를 사용하여 기업의 '수익성'을 분석하는 방법을 살펴보겠습니다(복습을 위해 손익계산서의 핵심을 [3-13]에 정리해 두었습니다). 여기서는 다시 기린 홀딩스의 재무제표(2016년 12월기 결산)를 사용하여 설명하겠습니다.

매출액증가율: 매출액 증가와 그 이유를 우선 확인한다

가장 먼저 살펴볼 것은 매출액이 전기 대비 얼마나 증가했는가 아니면 감소했는가입니다. 기린의 손익계산서([1-3] 참고)를 보면, 매출액은 2015년 12월기가 2조 1,969억 2,500만 엔, 2016년 12월기는 2조 750억 7,000만 엔이므로, 전기 대비 5.5% 감소했음을 알 수 있습니다.

3-13 손익계산서 복습

　　매출액
－　매출원가

　　매출총이익
－　판매비와 일반관리비

　　영업이익
＋　영업외수익
－　영업외비용

　　경상이익
＋　특별이익
－　특별손실

　　법인세비용차감전순이익
±　세금 조정

　　당기순이익

　어째서 매출액이 감소했는지 그 이유도 조사해보기 바랍니다. 각 사가 발표하는 '결산 사업보고서'의 첫머리에는 해당 기의 실적이 왜 개선되었는지, 또는 악화되었는지의 이유가 자세히 적혀 있습니다.

　기린의 결산 사업보고서에는 '일본 종합 음료 사업' '해외 종합 음료 사업' '의약·바이오케미칼 사업' '기타

사업'이란 사업 부문별로, 경영실적에 관한 분석이 기재되어 있습니다. 다음은 그 내용입니다.

● 일본 종합 음료 사업 : 청량음료의 판매량은 증가한 반면, 맥주 종류의 판매량이 감소하여, 전년 동기대비 3.2% 수입(매출)이 감소하였다.

● 해외 종합 음료 사업 : 브라질과 미얀마의 현지 자회사는 판매량이 늘었지만, 주력인 오세아니아 음료 사업이 호주달러 약세의 영향으로 전년 동기대비 15.1% 떨어졌다.

● 의약 · 바이오케미칼 사업 : 의약 사업은 후발의약품의 침투와 2016년 4월에 실시된 약값 기준 인하의 영향 등으로 매출 감소. 바이오케미칼 사업도 신제품의 증가는 있었지만, 약값 기준 인하와 엔고 영향 등으로 매출이 감소하였다.

● 기타 사업 : 요코하마 아레나사가 1월부터 6월까지 대규모 보수공사를 실시하며, 시설 가동률이 큰 폭으로 떨어진 영향으로 매출이 감소하였다(요코하마 아레나는 기린의 연결재무제표 대상인 자회사였으나, 2017년 3월에 기린 소유의 요코하마 아레나사 주식을 대량으로 세부철도에 양도. 현재는 세부 홀딩스의 자회사로 있습니다).

위의 이유를 보면, 기업의 매출액은 환율 변동이나 사회제도의 변화 등에도 크게 영향받음을 알 수 있습니다.

경영지표 분석은 숫자 그 자체뿐 아니라, 거시경제, 환율, 기업 실적에 영향을 주는 뉴스 등을 아울러 보는 일도 중요합니다. 그러면 기업의 상황을 더욱 역동적으로 볼 수가 있습니다.

어째서 매출액 증가가 중요할까?

그렇다면 매출액을 늘리는 일은 왜 중요할까요?

"매출액이 이익의 원천이기 때문입니다."

네, 맞습니다. 확실히 이 말 그대로입니다. 하지만 이유는 그뿐만이 아닙니다.

예전에 제가 1부 증시에 상장된 어떤 회사에서 관리회계 컨설팅을 했을 때, 이런 일이 있었습니다. 그 회사의 사장이 제게 "올해 수입은 감소했지만 이익은 증가했네요"라며 자랑스럽게 말했습니다. '수입'은 매출액을 의미하므로, 사장은 '매출액은 떨어졌지만 채산성이 나쁜 사업을 정리하고 비용을 절감함으로 이익률이 올라가, 이익은 오히려 증가했습니다'란 말을 하고 싶었던 것이지요.

사장의 이 발언에 대해 저는 이렇게 말했습니다. "이익을 늘리는 일은 확실히 중요합니다. 하지만 **매출액은 사회에서 기업의 존재감이나 영향력을 나타냅니다.** 당연히 기업은 매출액 성장도 추구해야만 합니다."

매출은 기업이 고객(사회)에게 상품, 제품, 서비스를 제공할 때 발생합니다. 따라서 매출액이 오르지 않는다는 말은, 고객이 그 기업을 반기지 않고, 사회에서의 그 존재감도 약해졌다는 의미입니다. 따라서 매출액은 중요합니다. 고심해서 매출을 늘리고 더 고심해서 이익을 증가시키는, 이런 경영이야말로 바람직한 경영이라고 나는 생각합니다.

매출액과 아울러 확인해야할 항목들

앞서도 설명했듯이 **매출액 증가를 볼 때는 아울러 '재고(재고자산)'도 증가하는지를 확인**하는 일이 중요합니다. 재고량 증가가 매출액 증가보다 매우 빠른 경우나, 재고량은 증가하는데 매출액은 감소하는 경우라면 '팔리지 않는 불량재고'가 늘고 있을 가능성이 있습니다.

제1장의 손익계산서에서 설명했듯이, '매출원가'는 재

고 중 '팔린 분량'만큼만 계상합니다. 따라서 이익(매출총이익)과 재고량과는 단기적으로 직접 관계가 없습니다 (이에 대해선 뒤에서 자세히 설명합니다).

194쪽에서 설명했듯이, 재고가 증가하는지는 재무상태표 중 '자산부분'의 '재고자산(상품 및 제품, 재공품, 원재료 및 저장품)'이란 계정과목으로 알 수 있습니다. 재고의 증가는 현금흐름표의 악화로 연결되므로, 손익계산서에서 매출액 증감률을 본다면 이와 아울러 재무상태표에서 재고의 증감률도 확인하기 바랍니다.

또한 매출액증가율을 자산증가율과 비교하는 일도 중요합니다. 자산은 재무상태표의 왼쪽입니다. 이에 대한 설명은 더는 필요 없을 것이라 생각합니다.

매출액증가율이 자산증가율을 상회한다면, 기업이 순조롭게 성장하는 때입니다. 반면 매출액증가율이 자산증가율보다도 낮다면, 성장은 하지만 자산 활용 효율이 나쁜 경우라고 할 수 있습니다.

자산회전율: 자산을 얼마나 유용하게 활용하는가?

자산의 유효 활용 정도를 측정하는 중요한 지표로는

'**자산회전율**'이 있습니다.

이는 제2장에서 설명한 ROE의 분해식(115쪽)에도 나왔습니다. 기억하고 있나요? 이 지표는 회사가 보유한 자산 대비 매출액이 얼마나 되는지를 나타내며, 다음과 같은 식으로 계산합니다.

> 자산회전율 = 매출액 ÷ 자산

자산은 당연히 재무상태표의 '자산합계'를 사용합니다. 이 지수가 높을수록 자산을 효율적으로 잘 활용하고 있음을 나타냅니다.

기린의 경우를 계산해 보겠습니다. 매출액은 2조 750억 7,000만 엔, 자산합계는 2조 3,481억 6,600만 엔이므로, 자산회전율은 0.88배가 됩니다. 단위는 '%'가 아니라, '배'임을 주의하기 바랍니다.

제조업의 경우는 대부분 1배 전후이므로, 기린은 거의 표준적인 수준입니다. 하지만 이 지표는 업종에 따라 숫자가 꽤 다르므로 주의가 필요합니다.

예를 들면, 컨설팅회사나 소프트웨어회사의 자산이라 하면 공장이나 커다란 기계 등은 필요 없고, 자산이라 해도 사무실이 임대라면 기껏해야 책상이나 컴퓨터, 문방

구 따위밖에 없습니다. 또 '사람이 재산'이라고 합니다만, 인재는 회계에서 자산에 포함되지 않습니다. 그러니 매출액이 늘더라도 자산을 그만큼 더 사용하지 않으므로 자산회전율은 높아지게 됩니다. 2배, 3배인 경우도 드물지 않습니다.

자산회전율의 함정: 효율성과 안정성은 별개의 것

그렇다면 자산회전율이 높은 회사일수록 더 우수한 경영을 하는 회사라고 할 수 있을까요?

사실 그렇다고는 할 수 없습니다. 자산회전율이 높은 기업은 효율성은 좋지만, 안정성 면에서 문제가 발생할 수 있기 때문입니다. 어째서 그런 걸까요?

자산이란 어느 정도 매각이 가능하기 때문에 유사시 '보험'의 역할을 합니다. 자산 규모가 큰 기업이라면, 만약의 경우 토지나 건물, 기계 등을 조금씩 팔 수도 있습니다. 하지만 자산규모가 작은 기업이라면 유사시에 '팔 것'이 별로 없어, 보험이라 하기 어렵습니다.

3-14 자산회전율

▌ 자산을 효율적으로 활용하는지를 본다

| 자산회전율 | = | 매출액 | ÷ | 자산 |

┌─ 수익성의 기준은 ──────────────────────
│   1배 이상(제조업의 경우)이면 자산을 효율적으로 활용
└──────────────────────────────────────

┌──────────────┐
│   기린의 경우   │
└──────────────┘

PL (단위:백만엔)

매출액 2,075,070

BS (단위:백만엔)

자산

자산합계
2,348,166

자산회전율

| 2,075,070 | ÷ | 2,348,166 | = | 0.88배 |

제조업으로서 거의 표준적인 수준이다

한편 자산회전율이 높은 기업이라면, 대부분 인건비나 임대료에 많은 비용이 듭니다. 따라서 매출액이 극단적으로 떨어지면, 임대료나 지금 고용 중인 직원들 월급을 지급하지 못하는 경우가 생기고 맙니다.

따라서 자산회전율만을 보고 '초우량기업이구나'라고 생각했어도, 불황에 대한 저항력이 약해 경기가 나빠지면 갑자기 도산해버리는 경우도 있음을 인지해야 합니다. '효율성'과 '안정성'에는 반대되는 측면이 있음을 알아두기 바랍니다.

소프트뱅크의 자산회전율이 낮은 이유

이제 자산회전율의 구체적 사례 두 가지로 비교해봅시다. 한 가지는 간사이전력(2017년 3월기 결산)입니다. 매출액은 3조 113억 3,700만 엔, 자산합계는 6조 8,531억 8,200만 엔이므로, 자산회전율은 0.44배가 됩니다. 제조업의 절반 이하 수준밖에는 안 되지요. 전력회사처럼 발전소 등의 자산이 많을 수밖에 없는 장치산업은 자산회전율이 매우 낮습니다.

단, 자산을 구매하기 위해서는 돈이 필요하므로 거액

의 자금을 조달할 수 없으면 장치산업은 할 수가 없습니다. 거꾸로 말하면, 그것은 진입장벽이 됩니다.

한편, 자산회전율이 높은 IT업이나 컨설팅업 등은 사업을 시작할 때 그다지 많은 자금이 필요하지 않습니다. 하고자 마음만 먹으면 바로 시작할 수 있는, 진입장벽이 낮은 업종입니다.

이러한 구조를 역으로 이용하여 사업을 크게 확장한 회사가 있습니다. 이동통신 대기업인 소프트뱅크입니다.

그렇다면 소프트뱅크의 사장 손정의는 어째서 휴대전화 사업에 뛰어들었을까요? 물론 통신사업에서 세계 제일이 되려는 뜻도 있었겠지만, 비즈니스모델 측면에서 보면 자산회전율이 낮고 진입장벽이 높은 업종으로 점점 진출하였음을 알 수 있습니다.

손 사장은 소프트웨어를 판매하는 작은 회사를 만드는 것으로 시작했습니다. 우선은 이 회사에서 착실히 실적을 올리며 자금 여력을 높여나갔습니다. 어느 정도 자금이 모였을 즈음, 그다음으로 고속 인터넷 접속 서비스인 ADSL 사업에 착수했습니다. 이 사업도 거액의 초기 설비투자가 필요(자산회전율이 낮다)했으므로 지금도 누구나 바로 시작할 수 있는 사업은 아닙니다.

ADSL 사업으로 회사 규모와 자금력을 더욱 키운 손 사장은 마침내 휴대전화 사업에 진출했습니다. 2조 엔이란 거액을 투자하여 보다폰의 일본 사업체를 인수한 것입니다. 이후 순조롭게 실적을 늘려나갔고, 2013년에는 미국의 대형 휴대전화업체인 스프린트를 인수하여 더욱 규모를 확대했습니다(2016년에도 영국의 대형 반도체 설계 업체인 ARM 홀딩스를 약 3.3조 엔이란 거액에 인수했습니다). 이처럼 손 사장은 자본의 우위성을 활용할 수 있는 업종, 즉 진입장벽이 높은 업종으로 점차 진출해 나간 셈이지요.

여기서 소프트뱅크 그룹의 자산회전율을 계산해볼까요. 2017년 3월기 결산에서 매출액은 8조 9,010억 400만 엔, 자산합계는 24조 6,342억 1,200만 엔이므로 자산회전율은 0.36배가 됩니다. 제조업의 1배 정도와 비교하면 절반 이하입니다. 자산효율은 나쁘지만 거꾸로 말해, 이것은 높은 진입장벽이 됩니다.

진입장벽이 높을수록 신규 진입은 어렵지만, 한편으로는 장벽의 높이가 이익으로 이어집니다. 무슨 말인가 하면, 그 업종에 어떻게든 진입하여 경영을 잘하면, 경쟁이 치열하지 않은 만큼 큰 이익을 얻을 수가 있습니다. 손 사장은 소프트웨어 판매사로부터 시작해 ADSL 사업,

나아가 휴대전화 사업으로 옮겨갔는데, 이는 성장성이 높고 자본 우위성을 살릴 수 있는 진입장벽이 높은 사업으로 점차 진출해 간 것이라고도 볼 수 있습니다.

매출원가율: 제조비용이나 구매가가 오르고 있지는 않은가?

매출액 다음으로는 매출원가의 측면에서 살펴봅시다. 아무리 매출액이 늘어도 매출원가(원재료비나 구매가 등. 31쪽 참고)가 그 이상으로 증가해버리면 이익을 늘릴 수가 없습니다. 그래서 '**매출원가율**'을 계산하여 매출액 증가율과 비교해야만 합니다.

> 매출원가율 = 매출원가 ÷ 매출액

이것이 클수록 원가가 늘어나 이익을 내기 어려워집니다. 기린의 경우를 계산해봅시다.

$$(2015년) \quad \frac{1조\,2,288억\,5,300만\,엔}{2조\,1,969억\,2,500만\,엔} = 55.9\%$$

$$(2016년) \quad \frac{1조\,1,576억\,9,200만\,엔}{2조\,750억\,7,000만\,엔} = 6.8\%$$

계산하니 2015년도는 55.9%, 2016년도는 55.8%이므로, 아주 조금 낮아졌네요.

한편 매출액에서 매출원가를 빼면 '매출총이익'이 나옵니다. 기린의 매출총이익 금액은 2015년도는 9,680억 7,100만 엔, 2016년도에는 9,173억 7,700만 엔이므로, 5.2% 줄었습니다. 원가율은 하락했지만 매출총이익의 절대금액은 감소했습니다.

매출원가율과 상반되는 지표로는 **'매출액총이익률'**이 있습니다.

매출액총이익률 = 매출총이익÷매출액 (=1-매출원가율)

이 지표는 숫자가 클수록 효율적으로 매출총이익을 내고 있다는 의미입니다. 참고로 매출원가율과는 역의 관계여서, '매출액총이익률=1=매출원가율'의 식으로도 계산할 수 있습니다.

매출원가를 검토할 때, 더불어서 반드시 확인해야 할 것이 있습니다. 이것은 재무상태표의 '재고자산(재고)'입니다.

매출원가란 무엇입니까? 원재료비 등 **'판매가 이루어진 상품이나 서비스에 직접 들어간 비용'**입니다(31쪽 참조). 추가로 **'매출원가=제조원가가 아니다'**라는 점도 기억해주셨으면 합니다. 제조원가란 문자 그대로 제품을 만들 때 들어간 비용입니다(손익계산서에는 '제조원가'란 계정과목이 없습니다).

한편 **손익계산서에서 매출원가로 계상된 것은 '팔린 분량의 제조원가'**뿐입니다. 만든 제품이나 구매한 상품은 일단 '재고자산'이 되며, 그중 팔린 분량만큼만 매출원가가 됩니다(어째서 이런 복잡한 일이 생기냐면, 매출액을 계상할 때 그에 대한 비용만을 계상하는 것이 회계의 대원칙이기 때문입니다).

예를 들어 어느 해에 100개의 물건을 만들면서 원가 100이 들어갔는데, 그중 50개만 팔린 회사가 있다고 합시다. 여기서 제조원가는 당연히 100입니다. 하지만 매출원가는 얼마일까요? 팔린 50개의 원가만을 계상하므로 50이 됩니다.

그러면 아직 팔리지 않은 제품이나 구매한 원재료에 든 돈은 어디에 계상되어 있을까요? 그것들은 모두 재무상태표 '자산부분' 중 '재고자산(재고)'으로 들어갑니다 (기업에 따라서는 '상품 및 제품' '재공품' '원재료 및 저장품'처럼 더욱 세밀히 나누어 기재합니다).

이것은 제조한 제품뿐 아니라 구매한 상품도 똑같습니다. 만든 분량, 구매한 분량이 그대로 모두 매출원가가 되는 것이 아니라, 그것들은 **일단 모두 재고자산이 되었다가 그중 팔린 분량만큼이 매출원가로 계상됩니다.**

그렇다면 만약 팔리지 않는 제품을 대량으로 만들거나 팔리지 않는 상품을 대량으로 구매했다면 어떻게 될까요? 보통은 적자가 되리라 생각하겠죠. 하지만 회계상으로는 그렇지 않은 경우도 많습니다. 그 구조는 이렇습니다.

우선 대량으로 만들거나 구매하면 '재고자산(재고)'은 당연히 증가합니다. 한편 제품이나 상품이 판매되지 않았으므로 매출원가는 증가하지 않습니다. 오히려 대량으로 만들거나 구매하면 대개는 1개당 비용이 낮아지므로 1개당 매출원가는 낮아집니다.

3-15 '매출원가'와 '제조원가'의 차이

▌ 팔린 분량만큼이 매출원가가 된다

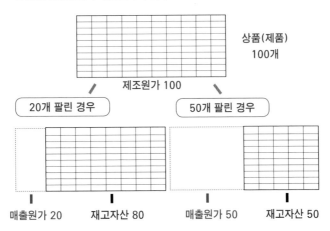

이 경우, 손익계산서는 어떻게 될까요? **판매 부진으로 재고가 대량으로 쌓이고 있지만, 손익계산서상으로는 이익이 나는 일이 발생할 수 있습니다.** 단, 당연한 일이지만 재고를 늘리면 현금은 유출되므로, 그후로도 팔리지 않는다면 자금 사정은 점점 악화되고, 어딘가에서 팔리지 않은 물건을 처분하면 그만큼 처분 시점에서 손실이 납니다.

재무제표 분석에 익숙하지 않은 사람은 여기서 속아

버릴 수 있습니다. 손익계산서만 보고는 '이익이 나므로 이 기업은 괜찮아'라고 생각했는데, 그 이면에서는 대량의 재고를 안고 있다가 어느 날 갑자기 도산해버리는 경우도 충분히 일어날 수 있습니다.

매출원가를 검토할 때는 반드시 재무상태표에 있는 재고자산도 아울러 봐주기 바랍니다. 또한 이 장 뒷부분에서 설명할 '현금흐름표'를 보는 것으로도 이러한 문제점을 찾아낼 수 있습니다.

재고자산회전월수: 재고의 양은 적정한가?

그러면 매출원가 대비로 어느 정도의 재고가 있으면 적정할까요.

이를 확인하기 위한 지표로 '**재고자산회전월수**'가 있습니다. 대략적으로 설명하면, '몇 개월분의 재고를 가지고 있는가'를 계산하는 지표입니다. 계산식은 다음과 같습니다.

> 재고자산회전월수 = 재고자산 ÷ 1개월당 매출원가

3-16 재고자산회전월수

▌재고량이 적정한지 여부를 확인한다

$$\boxed{\begin{array}{c}\text{재고자산}\\\text{회전월수}\end{array}} = \boxed{\text{재고자산}} \div \boxed{\begin{array}{c}\text{1개월당}\\\text{매출원가}\end{array}}$$

맥도날드의 경우

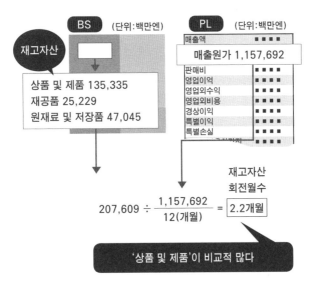

BS (단위:백만엔)

재고자산

상품 및 제품 135,335
재공품 25,229
원재료 및 저장품 47,045

PL (단위:백만엔)

매출액 ■■■■
매출원가 1,157,692
판매비 ■■■■■
영업이익 ■■■■■
영업외수익 ■■■■
영업외비용 ■■■■■
경상이익 ■■■■■
특별이익 ■■■■■
특별손실 ■■■■

재고자산
회전월수

$$207,609 \div \dfrac{1,157,692}{12(\text{개월})} = \boxed{2.2\text{개월}}$$

'상품 및 제품'이 비교적 많다

이 숫자가 작을수록 재고회전의 효율이 좋다고 할 수 있습니다. 그러면 기린의 경우는 몇 개월분의 재고를 가지고 있을까요. 기린의 재고자산은 합해서 2,076억 900만 엔, 1개월당 매출원가는 964억 7,400만 엔이므로, 재고의 비축 기간은 2.2개월이 됩니다. 상품 및 제품의 재고를 비교적 많이 지녔음을 알 수 있습니다.

재고자산회전월수도 업종이나 회사에 따라 기준이 크게 다릅니다. 예를 들면, 외식업종은 식품에 따라서는 보존 기간이 짧은 것도 있으므로 0.5개월 이하 분량만 가지는 경우도 드물지 않습니다.

또한 같은 업종이라도 차이가 나기도 합니다. 그러한 전형적인 예가 오츠카가구*와 니토리홀딩스**입니다. 오츠카가구의 재고는 대략 8.0개월분, 니토리는 2.5개월분. 니토리 쪽의 재고 회전이 압도적으로 빠른 것을 알 수 있습니다. 재고, 즉 상품의 회전이 빠르면 당연히 매출이 늘어나고, 새로운 상품이 자꾸 들어오므로 소비자에게도 더 매력적입니다.

한편 앞서 설명한 매출액총이익률은 양쪽 모두 50% 정도로, 거의 차이가 없습니다. 그런데 나중에 설명할 매

---

* 친환경 제품 등 고가품 중심의 가구업체.
** 일본판 IKEA로 불리는, 중저가 가구 제조 및 유통업체.

3-17 오츠카가구와 니토리의 재고자산회전월수

(단위:백만엔)

	오츠카카구 (2016년 12월기 결산)	니토리 (2017년 2월기 결산)
재고자산	14,302	48,966
1개월당 매출원가	1,799	19,557
재고자산회전월수	8.0개월	2.5개월
매출액총이익률	53.4%	54.2%

출액영업이익률을 비교하면, 니토리가 16.7%인데 반해 오츠카가구는 −9.9%(즉, 적자입니다)로 차이가 벌어져 버립니다. 이러한 차이가 재고나 상품의 회전율 격차에 의한 것임은, 재고자산회전월수를 계산하여 비교해보면 잘 알 수 있습니다.

판관비율: 인건비나 광고선전비가 너무 많지는 않은가?

기린의 재무제표로 돌아가 봅시다. 앞에서는 매출총이익을 보는 방법까지 설명했습니다.

이어서 '판매비와 일반관리비(판관비)'를 보겠습니다.

판관비는 영업소의 임대료, 광열비, 통신비, 영업 및 경리 직원의 인건비, 광고선전비, 제조에 관련된 것 이외의 감가상각비(228쪽 칼럼 참고) 등 매출원가 이외의 본업과 관련한 비용을 모두 포함합니다.

기린의 경우, 2015년도는 8,433억 2,000만 엔, 2016년도는 7,754억 8,800만 엔이므로, 금액상으로는 약 700억 엔 감소했습니다.

판관비의 증감을 봤으니, 다음으로는 '**판관비율**'을 계산해봅시다.

판관비율 = 판관비 ÷ 매출액

판관비율은 매출액 대비로 판관비가 얼마큼 차지하는지를 보여주는 지표입니다. 이것이 높을수록 광고비나 인건비 등의 판매관리 비용이 많이 든다는 의미입니다.

$$(2015년) \quad \frac{8,433억 2,000만 엔}{2조 1,969억 2,500만 엔} = 38.4\%$$

$$(2016년) \quad \frac{7,954억 8,800만 엔}{2조 750억 7,000만 엔} = 37.4\%$$

3-18 판관비율

▍광고비나 인건비가 너무 많이 드는 것은 아닌지를 안다

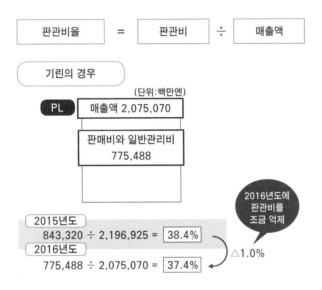

| 판관비율 | = | 판관비 | ÷ | 매출액 |

기린의 경우

(단위:백만엔)

PL   매출액 2,075,070

판매비와 일반관리비
775,488

2016년도에
판관비를
조금 억제

2015년도
843,320 ÷ 2,196,925 = 38.4%

2016년도
775,488 ÷ 2,075,070 = 37.4%

△1.0%

　기린의 경우는 2015년도가 38.4%, 2016년도가 37.4%이므로, 판관비를 조금 억제했음을 알 수 있습니다. '판관비 자체는 700억 엔 정도 줄었지만 매출액도 감소하여, 비율로는 1% 감소에 그쳤다'고 해석할 수도 있습니다.

경영자나 부문관리자는 이런 판관비와 판관비율에 항상 신경을 써야 합니다. 판관비는 내버려두면 점점 늘어나버리기 때문입니다. 특히 매출액총이익률이 낮은 사업을 하는 회사일수록 유의할 필요가 있습니다.

매출액영업이익률: 본업에서 얼마나 효율적으로 벌고 있는가?

다음 계정과목은 '영업이익'입니다. 신문이나 뉴스 등에서도 흔히 보는 단어이지요. 이것은 '본업에서의 벌이'의 효율성을 보여준다는 점에서 중요한 과목입니다.

영업이익은 매출총이익에서 판관비를 차감한 값입니다. 기린의 영업이익은 2015년도는 1,247억 5,100만 엔, 2016년도는 1,418억 8,900만 엔이므로 전기보다 13.7% 증가했습니다. 매출액은 감소했지만, 판관비를 줄임으로 영업이익을 늘린 셈입니다.

다음으로는, 얼마나 효율적으로 영업이익을 벌었는지를 조사하기 위해 **'매출액영업이익률'**을 계산합니다(물론 앞장에서 공부했던, 자산에 대해 얼마나 효율적으로 이익을 내고 있는가를 보여주는 'ROA'도 중요합니다).

3-19 매출액영업이익률

▌얼마나 효율적으로 영업이익을 벌었는지를 안다

| 매출액영업이익률 | = | 영업이익 | ÷ | 매출액 |

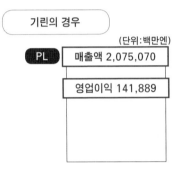

기린의 경우

(단위:백만엔)

PL 매출액 2,075,070

영업이익 141,889

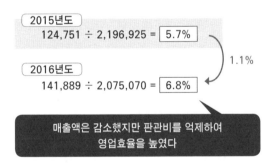

2015년도
124,751 ÷ 2,196,925 = 5.7%

1.1%

2016년도
141,889 ÷ 2,075,070 = 6.8%

매출액은 감소했지만 판관비를 억제하여
영업효율을 높였다

매출액영업이익률 = 영업이익÷매출액

매출액영업이익률은 숫자가 클수록 효율적으로 영업이익을 벌었다고 할 수 있습니다. 예를 들면, 매출액은 증가하는데 영업이익이 떨어지는 경우가 있습니다. 이것은 그만큼 인건비나 광고비 등의 경비가 불어났음을 의미합니다.

이런 상황이 지속되면 사업을 확대할수록 경영이 어려워질 수도 있습니다. 기린의 경우를 계산해 봅시다.

$$(2015년) \quad \frac{1,247억\,5,100만\ 엔}{2조\,1,969억\,2,500만\ 엔} = 5.7\%$$

$$(2016년) \quad \frac{1,418억\,8,900만\ 엔}{2조\,750억\,7,000만\ 엔} = 6.8\%$$

2015년도는 5.7%, 2016년도는 6.8%이므로, 좀더 효율적으로 영업이익을 내기 쉬운 체질이 되었습니다. 사업보고서를 보면, "기린 그룹의 부활을 위해 수익성 개선을 최우선 과제로 하고" "그룹 각사에서 수익성 개선 노력을 진행하여"란 문구가 있어, 기린이 이익률 향상에 주력하고 있음을 알 수 있습니다. 매출액영업이익률의 상승에서도 이런 방침이 드러납니다.

지금까지 '매출원가율' '매출액총이익률' '판관비율' '매출액영업이익률' 등 손익계산서와 관련한 다양한 지표에 관해 설명했습니다. **손익계산서는 주로 기업의 수익성을 보기 위한 것이지만, '금액'뿐 아니라 '율'로도 관리하는 것이 대원칙입니다.** 조금 귀찮더라도 하나하나 계산하여 비교해 보기 바랍니다. 동종업의 타사와 비교해 보는 일도 중요합니다.

고수익 기업의 기준은? '부가가치'를 계산한다

고수익 기업인지 아닌지는 어떻게 판단해야 좋을까요?

교세라의 창업자이자 일본항공을 부활시킨 이나모리 가즈오 씨는 "매출액영업이익률이 10%를 넘는 기업을 목표로 한다"고 말합니다. 일반적으로는 이런 사고방식이어도 문제는 없지만, 앞서 설명했던 매출액총이익률이 업종에 따라 상당히 다르듯이, 매출액영업이익률 수준도 업종에 따라 상당히 다르므로 일률적인 기준으로 삼기에는 어려운 경우도 있습니다.

예를 들면, 저처럼 컨설팅업을 하는 회사라면 매출액

영업이익률이 10%를 넘는 일은 그다지 어렵지 않습니다. 반면 도매업이라면 매출액에서 차지하는 구매액 비중이 크고 그 마진율은 비교적 낮은 탓에 매출액영업이익률이 10%를 넘기란 매우 어렵습니다. 만약 이 기준을 만족시키려 한다면 직원에게 월급을 지급하지 못하게 될 우려도 있습니다. 다만, 제조업이라면 매출액영업이익률 10% 기준은 적절하다고 생각합니다.

이처럼 업종별 차이를 고려하면, 매출액영업이익률을 기준으로 고수익 기업인지를 평가하기란 조금 어렵게 느껴집니다.

그래서 제가 사용하는 고수익 기업의 판단 기준은 '**부가가치의 20% 정도로 영업이익을 내고 있는가**'입니다. 여기서 '부가가치'란 기본적으로 '매출액에서 구매액을 뺀 값'입니다. 예를 들면, 도매업이나 소매업의 경우는 '매출총이익(매출액-매출원가)'이 부가가치에 해당합니다.

제조업의 경우는 매출총이익에 제조에 드는 인건비(노무비)와 제조에 드는 감가상각비(228쪽 칼럼 참고)를 다시 더한 값입니다. 제조업의 매출원가에는 제조에 직접 들어간 인건비와 제조에 필요한 공장 등의 감가상각비도 포함하므로, 이 값들을 다시 더하여 '부가가치(매출액-구매액)'를 산출합니다.

부가가치를 기반으로 두면, 수익성 기준을 어느 업종에라도 적용할 수 있으므로 객관성이 높아집니다. 기업의 수익성을 조사하기 위해 이 역시 반드시 확인해보고 싶은 지표입니다.

자사든 타사든, 도매업이나 소매업인 경우에는 이 데이터를 쉽게 얻을 수 있습니다. 하지만 타사를 재무분석하는 경우, 특히 제조업이나 매출원가에 인건비 등이 포함된 서비스업 등을 분석하는 경우에는 계산이 어려운 경우가 많습니다.

칼럼

'감가상각비'란?

회계에는 '감가상각'이란 개념이 있습니다. 자주 듣는 말이지만 그 의미를 정확히 설명할 수 있나요?

이것은 공장이나 기계같이 장기간에 걸쳐 사용하는 자산을 구매할 때, 구매년도에 전액을 비용으로 계상하는 것이 아니라 그 자산의 이용가능연수(내용연수)로 분할하여 매년 그 만큼씩 비용으로 계상해간다는 개념입니다.

'그런 복잡한 설명이라면 더 모르겠다'는 사람도 있을지 모르겠네요. 구체적인 예를 들어 설명을 보충하겠습니다.

예를 들면, 1억 엔을 들여 건설한 공장의 이용가능연수가 50년이라고 합시다. 이 경우 공장의 자산가치는 1억 엔÷50년간=200만 엔, 즉 매년 200만 엔씩 줄어들 것으로 예상됩니다. 따라서 재무상태표의 '자산부분'에 계상된 공장 건물의 가격을 매년 200만 엔씩 줄여나갑니다. 동시에, 줄어든 200만 엔은 손익계산서의 비용으로 매년 계상합니다.

이 200만 엔을 '감가상각비'라고 합니다.

3-20 '감가상각'의 개념

▌장기간에 걸쳐 사용하는 자산은 비용을 분할하여 계상한다

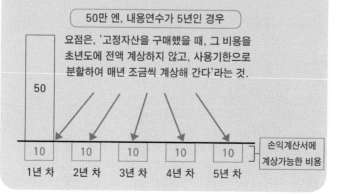

50만 엔, 내용연수가 5년인 경우

요점은, '고정자산을 구매했을 때, 그 비용을 초년도에 전액 계상하지 않고, 사용기한으로 분할하여 매년 조금씩 계상해 간다'라는 것.

| 50 | | | | |

| 10 | 10 | 10 | 10 | 10 |
| 1년 차 | 2년 차 | 3년 차 | 4년 차 | 5년 차 |

손익계산서에 계상가능한 비용

그러면 내용연수란 어떻게 판단하는 것일까요. 이것은 '그 자산의 법정 내용연수는 몇 년이다'처럼 자산 종류마다 법률로 미리 정해져 있습니다(정해진 기간보다 짧게, 해당 자산을 사용할 수 없게 된 경우에는, 재무회계상으로는 그 기간에 상각 처리합니다. 조금 복잡하지만 이럴 때에도 세무회계상 '손금損金'으로 인정되는 부분은 법률로 정해진 기간의 상각분입니다. 전체 합계는 동일하지만, 비용 처리되는 기간과 손금으로 계상되는 기간이 다릅니다).

그리고 감가상각의 대상은 건물이나 차량, 기계 등 수년에 걸쳐 사용하는 '고정자산'에 한합니다. 보통 1년 이내에 사용이 끝나는 원재료나 재고 등의 '유동자산'은 감가상각 대상이 아닙니다.

또한 토지도 감가상각 대상이 아닙니다. 왜냐하면 토지는 수년에 걸쳐 사용하는 고정자산이긴 하지만, 보통은 영원히 사용할 수 있기 때문입니다.

영업외수익과 영업외비용: 본업 이외의 수익과 비용은 어떤가?

지금까지, 매출액부터 영업이익에 이르는 회사 '본업'

에서의 수익 상황을 분석했습니다. 이어서 본업 이외의 수익과 비용에 관해서도 대강 훑어보겠습니다.

영업이익 밑의 과목으로는 '**영업외수익**'이 있습니다. 이것은 본업 이외의 활동으로 얻어진 수익입니다(36쪽 참고).

구체적으로 어떤 것들이 있을까요? 예를 들면 관련 기업의 이익인 '지분법에 따른 투자이익', 공장이나 본사 건물의 일부를 임대한 경우인 '수취임대료'가 있습니다. 또한 회사가 보유한 주식으로 배당금을 받은 경우는 '수취배당금'에 해당합니다. 참고로 자사 주주에게 지급하는 배당금은 재무상태표 순자산부분에 있는 '이익잉여금'에서 지급하므로 여기에는 포함되지 않습니다.

'**영업외비용**'도 마찬가지로, 본업과 관계없는 비용이 열거되어 있습니다. 여기서 주의해야 할 부분은 '지급이자'라는 계정과목입니다. 재무 상태가 그다지 좋지 않은 회사, 즉 유이자부채를 많이 보유한 회사라면, 지급이자가 불어나며 경영을 압박할 가능성이 있기 때문입니다. 지금은 금리가 낮아서 크게 신경 쓰지 않는 기업도 많지만, 금리가 오르면 지급이자 부담이 증가합니다(물론 유이자부채가 많으면 그것만으로도 도산할 위험이 커집니다).

또한 외환시세에 커다란 변동이 있으면 '환차손'이 늘

어나는 경우도 있습니다. 환차손이란 기업이 보유한 외화표시 자산이나 부채의 가치가 환율변동에 따라 변동하는 경우에 계상하는 과목입니다.

영업이익에 영업외수익을 더하고, 영업외비용을 빼주면 '**경상이익**'이 됩니다. 이것은 본업과 그에 부수된 것들로부터 경상적으로 얻을 수 있는 이익이어서, 경상이익이란 이름을 얻었습니다. 본업에서의 실력이 영업이익이라면, 본업 이외의 것을 포함하여 경상적으로 일어나는 모든 것을 포함한 실력이 경상이익입니다.

기린의 경상이익을 살펴보겠습니다. 2015년도는 1,281억 9,900만 엔, 2016년도는 1,406억 7,600만 엔이므로, 9.7% 증가했음을 알 수 있습니다.

무엇이 변동했는지를 조사하니, 비교적 큰 부분은 영업외수익 중 '지분법에 따른 투자이익'으로, 43억 엔 정도 줄었습니다. 한편 영업외비용의 '지급이자'도 68억 엔 정도 줄었는데, 이것은 부채를 1,000억 엔 정도 줄인 영향이라고 생각됩니다. 단, 어느 것이든 매출액에 비하면 그다지 큰 금액은 아니어서 이 기간 영업이익의 증가가 그대로 경상이익의 증가로 이어졌습니다.

이어서 경상이익 밑에 있는 '**특별이익**'과 '**특별손실**'을 살펴보겠습니다. 이것은 제1장에서도 설명했듯이 **일회성 이익과 손실**을 정리한 것입니다.

기린의 특별이익과 특별손실을 봐주십시오([1-3] 참고). 2015년도에는 특별손실 중 '**감손손실(=손상차손)**'이 1,233억 8,500만 엔 계상되었습니다. 이것은 결코 적은 금액이 아닙니다.

감손손실이란 무엇일까요? 공장이나 기계, 건물 등의 자산이 기대만큼의 이익을 내지 못할 경우, 재무상태표에서 그 가치를 낮추는 것을 '감손'이라고 합니다. 그리고 감손에 따라 가치가 떨어진 만큼을 '감손손실'로 보고, 손익계산서상의 특별손실로 계상합니다.

예를 들면, 버블 시기에 100억 엔을 들여 설치한 점포가 예상했던 만큼 이익(현금흐름)을 내지 못했고, 그 시기가 꽤 오래 지속되었다고 합시다.

이런 경우에는 재무상태표의 왼쪽 '자산부분'에 있는 고정자산 중 투자금액(장부가치) 숫자를 100억 엔에서 상당액만큼 낮춥니다. 그리고 그 낮춘 만큼의 금액을 '특별손실'로 손익계산서에 계상합니다.

감손은 가능한 빨리 반영하는 것이 대원칙입니다. 하지만 일반적으로 이를 드러내고 싶어하는 회사는 별로 없으므로, 감사법인이 감사를 시행하며 감손을 하도록 지적하기도 합니다. 또한 감손손실을 계상할 때는 영업이익이 부진한 경우도 많으므로 손실이 두 배로 늘기도 합니다.

기린 사례로 돌아가서, 2015년도에 1,200억 엔 이상 감손손실이 발생한 원인은 무엇이었을까요? 그것은 '브라질기린'의 실적부진입니다. 기린은 2011년 약 3,000억 엔이란 거액을 투자하여, 브라질의 대형 맥주회사를 인수하고 완전자회사 '브라질기린'으로 편입시켰습니다. 당시 브라질의 맥주 시장은 연평균 5% 정도로 성장했으며, 그 이후로도 비슷한 성장이 예상된다고 판단했기 때문이지요.

그런데 인수한 해인 2011년 즈음부터 브라질의 경제가 침체에 빠져들었습니다. 맥주 매출도 부진하고 신흥맥주사와의 경쟁도 격화되어 판매량이 감소. 게다가 현지 통화인 레알화의 약세로 원가가 급등하여, 브라질기린의 실적은 급속히 악화되고 말았습니다.

구조조정을 실시하는 등 기린은 자회사인 브라질기린을 어떻게든 다시 일으키려 했지만 향후에도 실적 부진은 당분간 지속될 것으로 보이자, 기린은 브라질기린의 가치를 인수가 3,000억 엔보다 낮추고, 그 차액을 감손손실로 계상했습니다. 덧붙이자면 감손손실을 계상했던 2015년 12월기에 기린은 상장 이래 처음으로 최종 적자(473억 2,900만 엔 적자)에 빠지고 말았습니다.

그리고 특별이익과 특별손실을 고려한 후 나온 이익이 '법인세비용차감전순이익'입니다. 기린의 경우는 2015년도는 174억 2,200만 엔, 2016년도는 1,807억 6,300만 엔이므로, 1,600억 엔 이상 증가했습니다. 전기에 감손손실로 1,200억 엔 이상을 계상했던 반면, 2016년도의 감손손실은 불과 약 5억 엔이므로 그 영향이 크다고 할 수 있습니다.

당기순이익: 투자자가 가장 중요시하는 최종 이익

드디어 손익계산서의 끝부분까지 거의 다 왔습니다. 최종이익을 보기 전에 지금까지의 흐름을 복습해봅시다.

가장 위에는 '매출액'이 있었습니다. 이 금액에서, 판매한 상품, 제품, 서비스를 만들어 내기 위해 직접 소요된 비용인 '매출원가'를 차감하여 '매출총이익'을 산출합니다. 매출원가는 만든 것, 구매한 것 중 팔린 분량만큼 만 계상됨을 잊지 말아주세요. 그리고 매출총이익에서 '판매비와 일반관리비'를 차감한 것이 '영업이익'입니다. 본업에서 벌어들인 이익입니다.

이로부터, 본업 이외의 수익('영업외수익')과 비용('영업외비용')을 더하고 빼면 '경상이익'이 산출됩니다. 추가로 일회성 이익과 손실('특별이익'과 '특별손실')을 더하고 빼면 '법인세비용차감전순이익'이 됩니다. 이제 결승점까지 조금 남았습니다.

법인세비용차감전순이익 밑으로는 '법인세, 주민세 및 사업세' '법인세등조정액'과 같은 과목이 열거되어 있습니다. 상장기업인 경우에는 실제 납부한 세금액수와 함께 '세효과 회계Accounting for Income Taxes'라는 처리 방법으로 이론적으로 납부해야할 세금액수를 계산하지만, 다소 복잡하므로 자세한 설명은 생략합니다. 어쨌든 이 단계에서 세금액수를 조정한다고 생각하면 됩니다.

세금액수를 조정하고 나면, '당기순이익'이 산출됩니다. 추가로 이 밑에 있는 '비지배주주에 귀속되는 당기순이익'을 조정하면, 드디어 최종 이익인 '지배주주에 귀속되는 당기순이익'이 산출됩니다.

3-21 당기순이익의 의미 변화

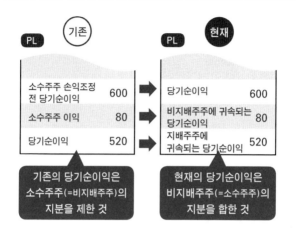

제1장 74쪽에서 자회사에 관해 설명했습니다만, 연결 재무제표를 만들 때 자회사의 계정과목은 모두 모회사와 합산됩니다. 하지만 모두 합산해버리면 본래 모회사 이외의 다른 주주(비지배주주)에게 귀속되어야할 이익까지도 합산되어버립니다.

왜 그런가 하면, 모기업 입장에서 보면, 100%의 자회사이든 70%의 자회사이든, 자회사 이익은 동일하게 합산해버리기 때문입니다. 100%의 자회사라면 모두 합산하더라도 문제가 없지만, 70%의 자회사인 경우에 모두 합산하면 본래 다른 주주에게 귀속되어야 할 이익의 30% 분량까지도 합해져 버립니다. 다시 말해, 과다 합산인 것이지요. 그래서 각각을 '비지배주주에 귀속되는 당기순이익'과 '지배주주에게 귀속되는 당기순이익'이란 형태로 구분하여 기재합니다.

예를 들어, 모기업이 60%의 주식을 보유한 자회사를 가지고 있는데, 그 자회사가 200억 엔의 당기순이익을 냈다고 합시다. 한편 그 회기 동안 모기업 자체만의 당기순이익은 400억 엔입니다. 이때 모기업의 연결당기순이익은 400+200=600억 엔이 됩니다.

하지만 자회사의 당기순이익 200억 엔 중 40%인 80억 엔은 원래 '모기업 이외의 주주=비지배주주'의 몫입니다. 따라서 이 80억 엔은 '비지배주주에 귀속되는 당기순이익'이 됩니다. 그리고 나머지 120억 엔에 모기업 자체만의 당기순이익 400억 엔을 더한 520억 엔이 '지배주주에 귀속되는 당기순이익'이 됩니다.

참고로, 이런 식의 기재는 2015년 4월 1일 이후 개시된 연결회계연도부터 실시되었습니다. 그 이전까지는 [3-21]의 왼쪽과 같은 형식으로 기재했었습니다.

다시 말해 기존의 '소수주주 손익조정 전 당기순이익'

은 현재의 '당기순이익'으로, 기존의 '소수주주 이익'은 현재의 '비지배주주에 귀속되는 당기순이익'으로, 기존의 '당기순이익'은 현재의 '지배주주에 귀속되는 당기순이익'으로 각각 바뀌었습니다.

같은 당기순이익이어도 기존과 현재는 의미가 미묘하게 다릅니다. 조금 복잡하지만, **ROE를 계산할 때는 일반적으로 현재의 '지배주주에 귀속되는 당기순이익'을 사용합니다.**

최종이익(지배주주에 귀속되는 당기순이익) 금액은 재무상태표 순자산부분에 있는 '이익잉여금'으로 일단 들어가며, 그 돈으로 주주에게 배당금을 지급합니다. 그러므로 투자자가 가장 중요시하는 수치는 영업이익도 경상이익도 아닌, '지배주주에 귀속되는 당기순이익'이 됩니다.

사업별, 지역별 부문 정보로 더욱 상세히 분석한다

이제부터는 손익계산서를 더욱 상세히 분석하는 방법을 설명하겠습니다.

다양한 사업을 영위하는 기업이나 해외사업을 펼치는

기업에 대해서는, 사업보고서 뒷부분에 기재된 **'사업 부문별 정보'**의 검토도 중요합니다.*

사업 부문별 정보에는 국가나 지역별로 매출과 이익을 정리한 **'지역별 부문'**과 사업별로 정리한 **'사업별 부문'**이 있습니다. 이를 토대로 어느 사업 또는 어느 지역의 실적이 늘고 있는지 혹은 줄고 있는지를 상세히 조사하면, 더욱 정확한 상황을 파악할 수 있습니다.

여기는 세븐&아이 홀딩스의 2017년 2월기 사업보고서의 부문별 정보를 살펴보겠습니다.

우선은 사업별 부문입니다([3-22]). 매출액은 '외부고객에 대한 영업수익'과 '부문별 내부 영업수익 또는 대체액'으로 나누어져 있습니다. 전자는 자사 이외의 곳에 판매한 매출액입니다. 예를 들면 타사에 도매로 팔거나 소비자에게 판매했을 때 벌어들인 경우입니다.

후자는 자사 내부 간 거래로 발생한 매출액입니다. 같은 그룹 내에서 타 부문으로 상품을 판매했을 때는 이쪽에 속합니다. 어느 쪽 항목을 봐야할 지는 경우에 따라 달라집니다. 고객을 대상으로 한 매출을 검토한다면 '외

---

* 일본 결산보고서에서는 '세그먼트 정보'를, 한국 결산보고서에서는 '사업의 내용'을 참고하면 사업 부문별 정보를 알 수 있다.

부고객에 대한 영업수익(매출액)'을 보면 됩니다. 반면 자사 내부로의 사업 규모 등을 검토한다면 후자 쪽을 보는 것이 적절합니다.

세븐&아이 홀딩스의 사업별 부문은 어떨까요.

3-22 세븐&아이 홀딩스의 사업별 부문 정보

(2017년 2월기) 발췌 (단위:백만엔)

	보고 부문						
	편의점 사업	슈퍼마켓 사업	백화점 사업	푸드 서비스 사업	금융 관련 사업	통신 판매 사업	기타 사업
영업수익							
외부고객에 대한 영업수익	2,549,404	2,016,659	849,649	81,744	164,432	136,927	36,870
부분별 내부 영업수익 또는 대체액	1,235	8,874	2,524	818	37,500	2,298	20,553
계	2,550,640	2,025,534	852,174	82,562	201,932	139,226	57,424
부문의 이익 또는 손실(△)	313,195	22,903	3,672	515	50,130	△15,097	4,632

'외부고객에 대한 영업수익'을 보면, 가장 큰 부분이 '편의점 사업'의 2조 5,494억 400만 엔입니다. 여러분도 알다시피 세븐일레븐이 주력사업임을 알려줍니다. 다음으로 큰 부분은 '슈퍼마켓 사업'의 2조 166억 5,900만 엔으로, 이토요카도와 요쿠마트 등이 포함된 사업입니다.

하지만 주목해야할 것은 '부문의 이익 또는 손실(△)' 과목입니다. 주력인 편의점 사업이 가장 많은 3,131억 9,500만 엔입니다만, 다음으로 큰 것은 의외로 '금융 관련 사업'의 501억 3,000만 엔입니다. 세븐은행 등을 포함하는 사업 부문인데, 금융업의 수익력이 매우 높습니다.

한편 편의점 사업에 필적하는 매출액을 버는 슈퍼마켓 사업 부문의 이익은 229억 300만 엔에 불과합니다. 매출액이 약간 많은 편의점 사업에 비해 이익은 10분의 1 이하입니다. 슈퍼마켓은 이익률이 낮아 돈을 못 버는 사업임을 알 수 있지요.

3-23 세븐&아이 홀딩스의 소재지별 부문 정보

(2017년 2월기) 발췌   (단위:백만엔)

	2013년 2월기	2014년 2월기	2015년 2월기	2016년 2월기	2017년 2월기
일본	3,625,974	3,682,143	3,941,337	4,056,272	4,032,803
북미	1,269,302	1,831,482	1,968,854	1,855,305	1,690,713
기타지역	97,226	119,207	131,058	136,058	113,384
소거	△861	△1,012	△2,301	△1,931	△1,212
합계	4,991,642	5,631,820	6,038,948	6,045,704	5,835,689

이어서 지역별(소재지별) 부문을 보면, 영업수익(매출액) 5조 8,356억 8,900만 엔 중에 일본이 차지하는 비중은 69.1%, 해외 비중은 30.9%입니다. 해외 비중이 높을수록 환율변동의 영향을 쉽게 받지만, 시장 확대에 거는 기대는 저성장인 일본보다 크다고 할 수 있겠지요.

그런데 [3-23]을 보면 알 수 있듯이, 해외사업의 대부분을 차지하는 북미 사업의 영업수익은 늘지 않았습니다. 오히려 2015년 2월기부터는 2기 연속으로 줄었습니다.

그러던 중 이 기업은 2017년 4월, 미국의 스노코LP사의 편의점 사업과 주유소 사업의 일부를 약 3,700억 엔에 취득한다고 발표했습니다. 약 1,100개 점포를 그해 8월부터 양도한 것입니다. 이에 따라 북미 사업의 영업 수익은 확실히 늘어나겠지만 이와 아울러 이익도 늘어날지는 앞으로 눈여겨볼 점입니다. 234쪽에서 소개한 브라질기린처럼 실패한 사례도 있는 만큼, 앞으로 어떻게 될지 궁금한 상황이었습니다.

최소 3기 분량의 손익계산서를 검토해 실적의 흐름을 본다

손익계산서에는 보통 전기와 전전기 숫자만 나와 있어서 이것만으로는 정확한 흐름을 볼 수가 없습니다. 따라서 손익계산서는 최소 3개 기수 분량의 숫자를 놓고 비교해 보기 바랍니다. 매출액은 얼마나 늘고 있는지, 각각의 이익률은 개선되고 있는지. 매출액 등의 '금액'이 늘고 있는지 또는 매출액총이익률과 같은 '비율'이 개선되고 있는지. 이런 점을 검토해야 합니다.

한 기업의 실적 흐름을 파악하려면, 실적의 기반인 경제 상황도 주의깊게 봐야 합니다. 한 예로 일본에서는 2011년 3월 11일에 동일본대지진이 일어났습니다. 이를 기점으로 일부 제조업에서는 실적이 대폭 감소했습니다. 이것은 회사들의 탓이 아니라, 지진과 원전사고라는 외적 요인이 있었기 때문입니다.

또한 2008년 9월에는 미국에서 리먼 쇼크가 일어났습니다. 이로부터 대불황이 세계를 강타하며 일본 경제도 급격히 부진에 빠졌습니다.

아무리 큰 회사라도 사회와 경제의 큰 흐름을 이길수는 없습니다. '회사'라는 단어가 '사회'라는 단어의 거꾸로인 것에서도 알 수 있듯이, 회사는 사회의 일부입니다. 경제 정세나 세상 뉴스에도 지속적으로 주의를 기울이는 일이 중요합니다.

같은 업종의 타사 실적과 비교한다

손익계산서는 같은 업종의 타사 숫자와도 비교해보는 일이 중요합니다.

지금까지 설명한대로 각 회사의 매출원가율이나 매출액영업이익률 등을 계산해봅니다. 이렇게 하면 각사가 얼마나 효율적으로 이익을 내는지, 어떻게 이익을 늘리는지 알 수 있습니다. 타사와의 차이가 크다면, 어떤 사업을 하는지, 사업 부문별 정보를 확인해 보는 것도 중요합니다.

예를 들면, 같은 업종의 타사에 비해 매출원가율은 낮지만, 판관비율이 높은 A사가 있다고 합시다. 이로부터 A사는 제품 개발이나 품질보다는, 광고 및 선전에 자금을 투입하여 자사 제품을 내세우는 회사일지도 모른다는 추론을 해볼 수 있습니다. 물론 그런 식으로 실적을 늘리는 일이 고객에게 이로운지는 별개의 이야기입니다.

반대로 매출원가율이 높고, 판관비율이 낮은 B사가 있다고 할 때, 이쪽 제품은 품질이 좋을 가능성이 있습니다. 같은 업종이라면 매출원가율이나 판관비율 등이 어느 정도 비슷하더라도, 타사와 두드러진 차이를 보인다면 그 점에 특히 주의를 기울여야 합니다.

상장기업이라면 인터넷에서 기업의 재무제표('기업명 사업보고서'로 검색하면 된다)를 간단히 열람할 수 있으므로, 반드시 검토해보기 바랍니다.*

---

* 한국은 각사의 홈페이지 또는 금융감독원 전자공시시스템(dart.fss.or.kr)에서 검색할 수 있다.

'장래성'을 분석한다

여기서는 세 번째 재무제표인 '현금흐름표'에 대
해 설명합니다. 이것은 회계기간 내에 얼마큼의 '현
금'이 들고났는지(증감했는지), 다시 말해 기업의 현
금 흐름을 정리한 표입니다. 이 책에서는 기본적인
해석 방법과 이 표에서 기업의 '장래성'을 파악하는
방법을 설명합니다.

어째서 '현금흐름표'가 필요한가?

현금흐름표는 상장기업의 경우 2000년 3월기 결산부
터 작성과 공시가 의무화되었습니다.

어째서 현금흐름표가 필요할까요? 그것은 **'이익과 실
제 현금흐름은 불일치하는'** 경우가 많기 때문입니다.

예를 들면, 9억 엔의 비용을 들여 만든 제품을 10억 엔
에 판매했다고 합시다(이익은 10-9=1억 엔이 되겠네요).

매출액과 이익은 제품이나 서비스가 제공된 시점에서 계상되므로 매출액 10억 엔과 이익 1억 엔은 해당 회계기간 손익계산서에 계상됩니다.

물론 10억 엔의 현금(제품 판매 대금)을 그 시점에 바로 받는 것은 아닙니다. 실제로 돈이 입금되는 시기는 보통 제품이나 서비스가 제공된 후 수개월 뒤입니다.

만일 제품을 판매한 회계기간에 대금을 1엔도 받지 못한 경우라면, 손익계산서상에는 1억 엔의 이익이 발생합니다. 그러나 비용을 현금으로 지급했다면 실제 수중에 있는 돈은 9억 엔만큼 마이너스입니다.

따라서 **손익계산서만으로는 수중에 돈이 얼마나 증감했는지 알 수가 없습니다.** 이익이 나더라도 회수되지 않은 돈이 증가하면 현금흐름은 마이너스가 됩니다. 이 마이너스 분량이 커지면 경우에 따라서는 자금 사정이 어려워져 이른바 '흑자도산'이 일어나기도 합니다.

이처럼 손익계산서와 재무상태표만으로는 알 수 없는, 기업의 '현금과 예금'의 흐름을 보여주는 표가 현금흐름표입니다. 실은 이 표에서 기업의 장래성도 알 수가 있습니다.

그렇다면 '장래성'은 어떻게 검토할 수 있을까요. 여기서는 먼저 현금흐름표의 기본 구조를 설명하겠습니다.

현금흐름표는 다음의 세 가지 부문으로 나누어집니다.

① **영업활동으로 인한 현금흐름(영업 현금흐름)**

② **투자활동으로 인한 현금흐름(투자 현금흐름)**

③ **재무활동으로 인한 현금흐름(재무 현금흐름)**

'① 영업활동으로 인한 현금흐름(영업 현금흐름)'에는 일상적인 업무에서 현금이 얼마나, 어떤 형태로 출입하고 있는지가 정리되어 있습니다.

'② 투자활동으로 인한 현금흐름(투자 현금흐름)'은 그 회사가 투자에 돈을 얼마나 사용하고, 얼마나 회수하고 있는지를 정리한 부분입니다. 예를 들어 설비투자를 했다면 돈이 나갔으므로 마이너스가 되고, 보유 중인 유가증권을 매각했다면 거꾸로 돈이 들어왔으므로 플러스가 됩니다(투자 현금흐름에는 설비투자, 기업인수와 같은 투자 외에도, 3개월 이상의 정기예금이나 유가증권을 매입, 매각하는 등의 금융 투자로 인한 현금 유출입도 기재됩니다).

3-24 현금흐름표의 기본 구조

(단위:백만엔)

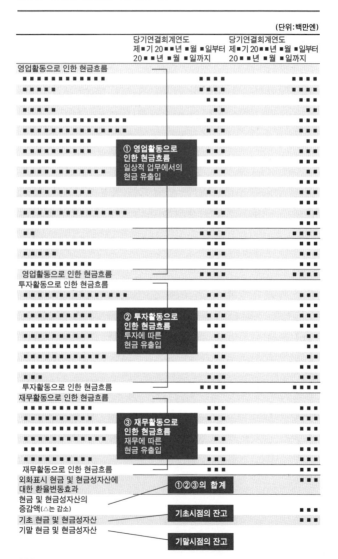

	당기연결회계연도 제■기 20■■년 ■월 ■일부터 20■■년 ■월 ■일까지	당기연결회계연도 제■기 20■■년 ■월 ■일부터 20■■년 ■월 ■일까지

영업활동으로 인한 현금흐름

① 영업활동으로 인한 현금흐름
일상적 업무에서의 현금 유출입

영업활동으로 인한 현금흐름
투자활동으로 인한 현금흐름

② 투자활동으로 인한 현금흐름
투자에 따른 현금 유출입

투자활동으로 인한 현금흐름
재무활동으로 인한 현금흐름

③ 재무활동으로 인한 현금흐름
재무에 따른 현금 유출입

재무활동으로 인한 현금흐름
외화표시 현금 및 현금성자산에 대한 환율변동효과

①②③의 합계

현금 및 현금성자산의 증감액(△는 감소)
기초 현금 및 현금성자산

기초시점의 잔고

기말 현금 및 현금성자산

기말시점의 잔고

마지막으로 '③ 재무활동으로 인한 현금흐름(재무 현금흐름)'은 문자 그대로 재무활동을 통해 자금을 얼마나 취득 또는 사용하는지를 보여줍니다. 융자와 주주환원 두 가지가 있습니다. 은행에서 돈을 빌리거나 증자한 경우 등은 플러스, 자사주 매입을 하거나 주주배당, 대출금 상환은 마이너스가 됩니다.

이 세 가지 부문별 현금흐름 증감을 집계한 후, 이것을 합산하여 최종적으로 현금이 얼마나 증감했는지('현금 및 현금성자산의 증감액')를 계산합니다.

또한 한 기수 전의 기말(=다음 기 기초)시점에 지녔던 현금액수('기초 현금 및 현금성자산')에 그 회계기간 중의 현금 증감액을 더하여, 최종적인 기말시점의 현금액수 ('기말 현금 및 현금성자산')를 알려주는 구조입니다.

이제 세 가지 부분을 각각 자세히 설명하겠습니다. 손익계산서와 마찬가지로 기린의 현금흐름표를 예시로 사용합니다.

먼저 '영업 현금흐름'입니다. [3-25]에 기재된 기린의 '영업활동으로 의한 현금흐름'을 봐주세요. 과목 각각의 금액은 해당 회계기간 동안에 현금이 얼마나 증감했는지를 보여줍니다. '△'가 붙은 숫자는 현금이 감소한 것입니다. **가장 위의 과목은 '법인세차감전당기이익'**이네요. 이것은 손익계산서상의 '법인세차감전당기순이익'(37쪽 참고)과 완전히 동일합니다. 영업 현금흐름은 이 숫자에 실제의 현금 유출입을 조정하여 산출합니다(이것을 '간접법'이라고 부릅니다. 현금이 증감한 거래로부터 계산하는 '직접법' 방식도 있지만, 그것은 번잡하기 때문에 일본, 한국을 비롯한 많은 나라에서는 '간접법'을 채용하고 있습니다).

손익계산서에서 순이익을 계산하는 과정은 다음과 같습니다.

① 실제로는 돈이 들어오지 않았는데, 매출로 계상된 수익 → 뺀다
② 실제로는 돈이 들어왔지만, 매출로 계상되지 않은 거래 → 다시 더한다
③ 실제로는 돈이 나갔지만, 비용으로 계상되지 않은

거래 → 뺀다

④ 실제로는 돈이 나가지 않았지만, 차감된 비용 → 다시 더한다

⑤ 재고의 증감 등, 손익계산서와는 관계가 없는 자산, 부채의 증감을 조정한다

이렇게 작업합니다. 약간 번거롭지요. 좀더 구체적으로 설명하겠습니다.

예를 들면, 손익계산서에 기재된 매출액 중에는 팔았지만 현금이 회수되지 않은 '외상매출금'이 더해져 있습니다. 이것은 '① 실제로는 돈이 들어오지 않았는데, 매출로 계상된 수익'이지요. 따라서 현금이 얼마나 증감했는지를 알려면 매출액에서 외상매출금을 빼줘야 합니다.

반대로, 전기 이전에 팔아, 이번 기에 회수된 돈(② 실제로는 돈이 들어왔지만, 매출로 계상되지 않은 거래)도 있으므로 그만큼을 더해서 조정해줘야 합니다.

3-25 기린의 영업 현금흐름 (2016년 12월기 결산)

	전 연결회계연도 2015년 1월 1일부터 2015년 12월 31일까지	당기연결회계연도 2016년 1월 1일부터 2016년 12월 31일까지
영업활동으로 인한 현금흐름		
법인세비용차감전순이익	17,422	180,763
감가상각비	94,603	77,420
감손손실	123,385	473
영업권상각액	27,323	22,317
수취이자 및 수취배당금	△6,538	△5,364
지분법에 따른 투자손익(△는 이익)	△16,160	△11,849
지급이자	20,067	13,252
고정자산처분이익	19,454	△8,456
고정자산제거처분손실	3,168	4,953
투자유가증권처분이익	△6,810	△7,229
관계회사주식처분이익	-	△15,468
매출채권증감액(△는 증가)	△6,942	3,041
재고자산증감액(△는 증가)	△5,058	14,760
매입채무증감액(△는 감소)	△4,978	△3,377
미지급주세증감액(△는 감소)	1,852	△4,119
미지급소비세등증감액(△는 감소)	△8,785	△4,571
차입금증감액(△는 감소)	△2,872	△5,41
기타	△11,292	10,588
소계	198,927	261,693
이자 및 배당금 수령액	18,136	16,498
이자 지급액	△13,114	△9,874
법인세비용	△32,938	△41,848
영업활동으로 인한 현금흐름	171,011	226,468

돈의 실제 유출입과 맞도록 더하고 빼서 조정한다

완전히 동일한 숫자

PL

투자유가증권처분손실	-	289
사업구조개선비용	8,803	13,303
기타	3,710	7,128
특별손실합계	139,975	27,234
법인세비용차감전순이익	17,422	180,763
법인세,주민세 및 사업세	46,457	53,330
법인세 등 조정액	△544	△6,2333
법인세등합계	45,913	47,097
당기순이익 또는 당기순손실(△)	△28,491	133,666
비지배주주에 귀속되는 당기순이익	18,837	15,508
지배주주에 귀속되는 당기순이익 또는 지배주주에 귀속되는 당기순손실(△)	△47,329	118,158

기린의 현금흐름표를 보면, '매출채권증감액'이란 과목이 있습니다. 이것으로 외상매출금 등을 조정하는데, 플러스 30억 4,100만 엔에 계상되어 있습니다.

플러스란 이만큼의 현금이 들어왔다는 의미이므로, 이번 기에 새로 생긴 외상매출채권보다 이전 기에 발생했던 외상매출채권의 회수 금액이 더 많음을 보여줍니다.

마찬가지로 비용 중에도 구매했지만 외상매입금 등으로 계상하여 지급하지 않은 금액(④ 실제로는 돈이 나가지 않았지만, 차감된 비용)이 있으므로, 이것은 다시 더해줍니다. 반대로 이전 기에 구매해서 외상매입금으로 계상했던 것을 이번 기에 지급한 금액(③ 실제로는 돈이 나갔지만 비용으로 계상되지 않은 거래)도 있으므로 이것은 빼줍니다.

기린에는 '매입채무증감액'이란 과목으로 마이너스 33억 7,700만 엔이 계상되어 있습니다. 마이너스 금액(= 현금이 나간 것)이므로, 새로 생긴 외상매입채무보다 지급한 외상매입채무 금액이 더 많음을 알 수 있습니다. 이 금액만큼 현금흐름은 더 나빠졌습니다.

조금 까다로운 부분은 법인세비용차감전순이익 바로 밑에 있는 '감가상각비' 항목입니다. 이것은 252쪽의 ① ~⑤ 중 어디에 해당할까요?

228쪽의 칼럼을 복습하면, 감가상각비란 장기간에 걸쳐 사용하는 자산에 대해서는 사용기간(내용연수)에 맞춰 자산가치를 줄이고, 그 줄인 금액만큼을 매년 비용으로 계상해 가는 개념이지요. 이러한 가치의 감소분을 '감가상각비'라고 합니다.

만일 10년간 사용할 기계를 1억 엔에 구매했으면, 해당 회계연도에 1억 엔을 한꺼번에 비용으로 계상하는 것이 아니라, 1억 엔÷10년=1천만 엔씩을 매년 손익계산서에 비용으로 계상해 나갑니다. 이때 손익계산서상에는 1천만 엔의 비용이 계상되지만 실제로 돈이 나가지는 않았습니다(구매에 든 현금 유출 1억 엔은 구입 시의 '투자현금흐름'에 '유형고정자산취득'이란 항목으로 계상됩니다).

그래서 현금흐름표에는 **'감가상각비를 다시 더함'**으로 조정합니다. 따라서 감가상각비는 '④ 실제로는 돈이 나가지 않았지만 차감된 비용'에 해당합니다.

3-26 감가상각비는 '다시 더한다'

▌1억 엔으로 감가상각 10년인 기계를 구매한 경우

	손익계산서	실제 현금의 유출입	현금흐름표
구매한 해	△1천만	△1억	△1억 (투자 CF) +1천만 (영업 CF)
상각기간 { 2년째 ~ 10년째	△1천만 ≈ △1천만	±0 ≈	+1천만 (영업 CF) ≈ +1천만

상각기간 중에는 매년 비용을 계상	돈의 실제 유출입에 맞게 마이너스 금액을 상쇄한다

또 한 가지, 재고(재고자산)도 중요한 핵심입니다. 재고가 늘어날수록 영업 현금흐름은 악화되기 때문입니다.

212쪽의 '매출원가' 설명을 다시 떠올려봅시다. 제품의 원재료나 상품 구매에 소요된 돈은 그대로 모두 매출원가가 되는 것이 아니라, 일단 모두 재무상태표의 '재고자산'이 되었다가 그중 팔린 분량만큼만 매출원가로 계상한다고 했습니다. 만약 전혀 팔리지는 않았는데 원재료나 상품을 구매했다면, 그 금액은 손익계산서와 전혀 관계가 없습니다. 하지만 재고자산 구매액만큼 현금이나 예금은 감소합니다(외상매입하는 경우도 물론 있습니다).

자산항목이 교체되는(이 경우라면 재고자산은 증가, 현금예금은 감소) 경우에도 현금흐름은 변동합니다. 따라서 재고자산의 금액은 '⑤ 재고의 증감 등, 손익계산서와는 관계가 없는 자산, 부채의 증감을 조정한다' 등으로 현금흐름이 바뀌는 경우에 해당합니다. 그러므로 영업 현금흐름을 계산할 때는 재고자산 부분도 조정해줍니다.

기린의 경우에는 147억 6,000만 엔의 플러스 숫자가 기재되어 있습니다. 이것은 재고자산이 그만큼 감소하고, 그 금액만큼 현금이 증가했다는 의미입니다. 이로부터, 기린이 수익성 향상을 위해 재고를 줄이고 있는 건 아닌지 추측할 수 있습니다.

영업 현금흐름: 플러스가 되는 것이 중요하다

영업 현금흐름은, 경영하는데 있어 반드시 플러스 숫

자가 되어야만 합니다. **기업이 지속해서 현금을 벌어들이는 원천은, 이 영업 현금흐름뿐**이기 때문입니다. 물론 다른 곳에서 자금을 조달할 수도 있습니다만 그것은 자산을 매각하거나, 증자 또는 차입했음을 의미합니다.

한 기수 정도라면 영업 현금흐름이 마이너스여도 큰 문제가 아니지만, 그것이 지속되면 회사를 꾸려나갈 수 없습니다. 현금이 바닥나면 기업은 무너지기 때문입니다.

애초에 기업이 고정자산을 구매하거나 대출금을 상환할 수 있는 이유는 원천이 되는 영업 현금흐름이 제대로 돈을 벌고 있기 때문입니다. 따라서 현금흐름표의 세 가지 부문 중 이 영업 현금흐름만은 플러스가 되어야 합니다.

현금흐름마진: 영업 현금흐름에서 충분히 벌고 있는가?

그렇다면 어느 정도로 플러스를 내면 좋을까요? 다시 기린의 영업 현금흐름을 확인하면, 2,264억 6,800만 엔 플러스입니다. 이것은 많은 것일까요, 아니면 적은 것일까요.

이에 대한 답은, '현금흐름마진'이란 지표를 다음의 식으로 계산하여 구할 수 있습니다.

$$현금흐름마진 = 영업\ 현금흐름 \div 매출액$$

저는 경험상, 현금흐름마진이 7% 이상이면 합격, 10%를 넘으면 우량기업이라고 판단합니다. 기린의 경우는 '영업 현금흐름 2,264억 6,800만 엔÷매출액 2조 750억 7,000만 엔=현금흐름마진 10.9%'입니다. 충분히 높은 수준이네요. 성장을 위한 재원을 마련할 수 있을 만큼 번다고도 볼 수 있습니다.

투자 현금흐름: 얼마나 적극적으로 투자하는가?

두 번째인 '투자활동으로 인한 현금흐름(투자 현금흐름)'이란, 기업이 투자에 자금을 얼마나 사용하는지와 투자한 것을 얼마나 매각하여 자금을 회수하는지를 정리한 부분입니다. 기린의 경우는 합계가 마이너스 775억 2,000만 엔이네요([3-28] 참고). 투자로 인해 이만큼 현금이 나갔다는 의미입니다. 일반적으로 투자 현금흐름은 마이너스입니다.

3-27 현금흐름마진

▌영업 현금흐름에서 충분히 벌고 있는지를 안다

| 현금흐름마진 | = | 영업 현금흐름 | ÷ | 매출액 |

합격 기준은
7% 이상=합격
10% 이상=우량기업

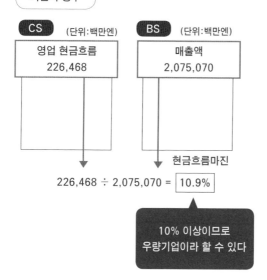

기린의 경우

CS (단위:백만엔)

영업 현금흐름
226,468

BS (단위:백만엔)

매출액
2,075,070

현금흐름마진
226,468 ÷ 2,075,070 = 10.9%

10% 이상이므로
우량기업이라 할 수 있다

3-28 기린의 투자 현금흐름 (2016년 12월기 결산)

(단위:백만엔)

	전기연결회계연도 2015년 1월 1일부터 2015년 12월 31일까지	당기연결회계연도 2016년 1월 1일부터 2016년 12월 31일까지
투자활동으로 인한 현금흐름		
유형 및 무형고정자산 취득에 따른 지출	△77,116	△95,031
유형 및 무형고정자산 매각에 따른 수입	32,332	20,190
사업양도에 의한 수입	12,809	–
유가증권 및 투자유가증권 취득에 따른 지출	△10,653	△20,757
유가증권 및 투자유가증권 매각에 따른 수입	19,868	16,183
연결 범위의 변경을 수반하는 자회사 주식 취득에 따른 지출	△52,877	△106
기타	4,977	2,000
투자활동으로 인한 현금흐름	△70,659	△77,520

> 보통은 마이너스다.
> 플러스인 경우에는 주의가 필요

'투자활동'은 크게 두 종류로 나누어집니다. 한 가지
는 사업을 행하면서 필요한 투자입니다. 예를 들면, 토지
나 건물 등의 고정자산, 소프트웨어 등의 무형자산 구입
입니다. 기업인수 등도 포함됩니다. 또 한 가지는 금융투
자로, 3개월 이상의 정기예금이나 장기에 걸친 주식투자
등이 포함됩니다.

투자 돈이 나가는 것이므로, 모두 현금흐름에서 마이
너스가 됩니다. 반면 보유한 주식이나 설비 등을 매각한
경우에는 플러스가 됩니다. 금융투자는 회수를 고려하
면 장기적으로 거의 중립이지만, 사업상의 투자는 보통

그 자산을 매각하여 회수할 것을 전제하지 않으므로 투자 현금흐름은 장기적으로 마이너스입니다. 금융투자는 대부분의 기업에서 그리 크지 않으므로, 투자 현금흐름이 플러스인 상태(투자보다 회수가 많은 경우)라면 그 내용을 조사해볼 필요가 있습니다.

영업 현금흐름은 플러스가 되어야 하는 반면, **투자 현금흐름은 마이너스가 일반적인 상태**입니다. 그만큼 적극적으로 투자하고 있구나, 회사의 미래를 위해 돈을 사용하고 있구나, 생각되기 때문입니다. **반대로 플러스인 경우라면 주의가 필요(금융투자를 제외하고)합니다. 자금조달이 어려워 설비 등을 대량으로 매각했을 우려가 있기 때문입니다.**

재무 현금흐름: 재무 상황은?

세 번째인 '재무활동으로 인한 현금흐름(재무 현금흐름)'은 크게 나누어 **'재무 상황' '주주로의 환원 상황'** 두 가지로 정리됩니다.

'재무 상황'이란, 예를 들어 대출을 얼마큼 받아 현금이 들어왔는가, 대출을 얼마큼 상환하여 현금이 나갔는가, 또 회사채를 상환하여 나간 금액, 주식을 발행하여 취득한 금액 등을 포함합니다. 또 한 가지인 '주주로의 환원 상황'은 주주에게 배당금을 지급하거나 자사주를 매입하는데 돈이 얼마큼 나갔는가 입니다(자사주 매입이 어째서 주주로의 환원인지는 103쪽을 참고하십시오).

3-29 기린의 재무 현금흐름 (2016년 12월기 결산)

	전기연결회계연도 2015년 1월 1일부터 2015년 12월 31일까지	당기연결회계연도 2016년 1월 1일부터 2016년 12월 31일까지
		(단위:백만엔)
재무활동으로 인한 현금흐름		
단기차입금 증감액(△는 감소)	△13,118	△23,751
기업어음(CP) 증감액(△는 감소)	△83,994	45,000
장기차입으로 인한 수입	170,158	38,382
장기차입금 상환에 따른 지출	△63,070	△129,239
회사채 발행에 따른 수입	15,000	–
회사채 상환에 따른 지출	△58,886	△30,000
자사주취득에 따른 지출	△246	△60
배당금 지급액	△34,676	△34,675
비지배주주로의 배당금 지급액	△6,495	△8,498
기타	△2,889	△2,341
재무활동으로 인한 현금흐름	△78,221	△145,184

마이너스인 편이 건전

기린의 경우를 보겠습니다. 재무 현금흐름은 마이너스 1,451억 8,400만 엔이네요. 어디에서 현금이 나갔는지 그 명세를 살펴보면 '장기차입금 상환에 따른 지출' 1,292억 3,900만 엔, '회사채 상환에 따른 지출'이 300억 엔, '배당금 지급액'이 346억 7,500만 엔, 이 세 가지가 큰 비중을 차지합니다.

이 중 전기에 비해 많이 늘어난 것은 '장기차입금 상환에 따른 지출'로 600억 엔 이상 증가했습니다. 한편 '배당금 지급액'은 전기와 비슷합니다. 이 회계기간에는 장기차입금 상환에 주력하여 유이자부채를 줄이고자 했다고 할 수 있겠네요. 실제로도 부채는 전기보다 1,000억 엔 정도 감소했습니다([1-11] 참고).

재무 현금흐름은 기본적으로 마이너스인 편이 건전합니다. 그 이유는 차입과 상환이 같은 금액인 경우(또는 둘 다 없는 경우), 주주환원분만큼 마이너스이기 때문입니다. 주주로서는 배당금이 지급되어야 기쁘겠지요.

반대로 이것이 플러스인 경우는 차입금이 증가한다는 것이므로, 지속적인 플러스 상태는 건전하지 못합니다. 증자(63쪽 참고)를 통해 자금을 조달한 경우도, 주식수가 증가하며 1주당 가치가 떨어지므로 기존 주주에게는 바람직하지 않습니다.

지금부터는 현금흐름표에서 기업의 '장래성'을 어떻게 파악하면 좋은지에 관해 설명하겠습니다.

장래성을 탐색할 때 알아야 할 중요한 핵심 중 하나는 앞서도 설명했듯이, 충분한 영업 현금흐름을 벌고 있는가입니다. 이것이 투자의 재원이기 때문이죠. 또 하나는 그 기업이 '미래를 위한 투자'를 충분히 하고 있는가입니다. 그렇다면 이것은 어떻게 해야 알 수 있을까요?

저는 이것을 '설비, 기계와 같은 자산의 가치 감소분' 이상으로 설비투자를 하고 있는가를 보는 것으로 확인합니다. 더 구체적으로 이야기하면, 투자 현금흐름에 있는 '고정자산 취득에 따른 지출'과 '고정자산 매각에 따른 수입' 간의 차액과, 영업 현금흐름에 있는 '감가상각비'와 '감손손실'의 합계액을 비교합니다.

유형고정자산의 취득이란 대부분 '설비투자'입니다. 무형고정자산에는 소프트웨어 등이 포함됩니다. '고정자산 취득에 따른 지출'에서 '고정자산 매각에 따른 수입'을 빼주면, 순액으로 설비투자에 사용한 순액을 알 수 있습니다. 한편 감가상각비나 감손손실이란 자산가치의 감소분입니다.

기업이 더욱 성장하기 위해서는 자산 감소분을 상회하는 설비투자를 해나가야만 합니다. 따라서 다음과 같이 생각할 수 있습니다.

고정자산 취득과 매각의 차액 〉 감가상각비와 감손손실의 합계액 ➡ 미래를 위한 투자가 충분

고정자산 취득과 매각의 차액 〈 감가상각비와 감손손실의 합계액 ➡ 미래를 위한 투자가 불충분

기린의 경우를 살펴보겠습니다. '유형 및 무형 고정자산 취득에 따른 지출'은 마이너스 950억 3,100만 엔, '유형 및 무형 고정자산 매각에 따른 수입'은 201억 9,000만 엔이므로, 차액은 748억 4,100만 엔이 됩니다.

3-30 기린의 '미래투자'는 충분한가?

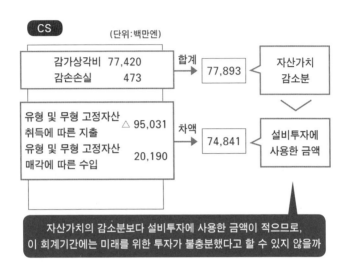

CS　(단위:백만엔)

| 감가상각비 77,420 감손손실 473 | 합계 | 77,893 | 자산가치 감소분 |

| 유형 및 무형 고정자산 취득에 따른 지출 △ 95,031 유형 및 무형 고정자산 매각에 따른 수입 20,190 | 차액 | 74,841 | 설비투자에 사용한 금액 |

> 자산가치의 감소분보다 설비투자에 사용한 금액이 적으므로, 이 회계기간에는 미래를 위한 투자가 불충분했다고 할 수 있지 않을까

　한편 영업활동으로 인한 현금흐름에 있는 '감가상각비'는 774억 2,000만 엔, '감손손실'은 4억 7,300만 엔으로 합계액은 778억 9,300만 엔입니다. '감가상각비+감손손실' 쪽이 약간이지만 더 많습니다.

　이로부터, 기린이 이번 회계기간 동안에는 자산가치의 감소분 정도로만 투자했다는 식으로도 생각할 수 있습니다.

잉여현금흐름: 기업이 '자유롭게 사용할 수 있는 돈'은 얼마나 있는가?

'**잉여현금흐름**Free Cash Flow, FCF'이란 개념은 문자 그대로, 기업이 자유롭게 사용할 수 있는 돈입니다. 잉여현금흐름은 기업에 있어서 세 가지 큰 역할을 담당하는데, 한 가지는 미래를 위한 투자에 사용하는 것입니다. 자유롭게 사용할 수 있는 돈이 있으면, 현상 유지 이상으로 사업에 투자할 수 있습니다.

또 다른 역할은 재무개선과 주주환원에 사용하는 것입니다. 차입금이 있다면 잉여현금흐름을 사용하여 상환할 수 있으며, 배당이나 자사주 매입 등을 통해 주주에게 환원할 수도 있습니다. **잉여현금흐름은 진정한 기업의 실력치**라 할 수 있으므로, 이것을 어떻게 버느냐가 성장의 열쇠입니다.

그렇다면 잉여현금흐름은 어떻게 계산할까요? 두 가지 정의가 있는데, 경제신문 등 일반적으로는 다음의 식을 사용합니다.

정의1 잉여현금흐름 = 영업 현금흐름-투자 현금흐름
(의 마이너스 금액)

기린의 경우, 영업 현금흐름인 2,264억 6,800만 엔에서 투자 현금흐름의 마이너스분인 775억 2,000만 엔을 뺀 1,489억 4,800만 엔이 잉여현금흐름이 됩니다.

또 다른 정의는 전문가가 사용하는 것으로, 계산식이 조금 복잡합니다.

> 정의2 잉여현금흐름 = 영업 현금흐름 − 현 사업을 유지하는데 필요한 현금흐름

투자 현금흐름은 ① **현 사업을 유지하는데 필요한 현금흐름**, ② **미래투자**, ③ **3개월을 초과하는 재무적인 투자**(정기예금, 회사채, 장기주식투자 등)의 세 가지를 포함합니다. 이들 중 ②와 ③은 원래 자유롭게 사용할 수 있는 잉여자금을 사용한 투자입니다. 따라서 정의1처럼 영업 현금흐름에서 ②와 ③을 포함한 투자 현금흐름 모두를 그대로 빼버리면 본래 잉여현금흐름이었던 자금까지 빼버리는 것이므로, 본래보다 적게 계산되고 맙니다.

3-31 잉여현금흐름

▍ 자유롭게 사용할 수 있는 돈이 얼마나 있는지를 안다

정의1 잉여현금흐름 = 영업 CF − 투자 CF의 마이너스 금액

기린의 경우

CS

| 영업CF | 226,468 |
| 투자CF | △77,520 |

잉여현금흐름

= 148,948

충분한 투자 여력이 있다

그렇다면 어째서 정의1을 일반적으로 사용할까요. 대부분의 기업에서는 '② 미래투자'와 '③ 3개월을 초과하는 재무적 투자'가 별로 크지 않으므로, 정의1처럼 영업현금흐름에서 투자 현금흐름을 그대로 빼더라도 산출되는 금액이 그다지 차이가 안 나기 때문입니다.

또한 '현 사업을 유지하기 위해 필요한 현금흐름'을 기업 외부의 사람이 알기란 간단치 않다는 문제도 있습니다.

현금흐름표의 건전한 형태는?

현금흐름표는 '벌다'와 '사용하다'의 균형이 중요합니다.

영업 현금흐름에서 '벌어서', 투자 현금흐름과 재무 현금흐름에서 '사용하는' 것이지요.

벌어들이는 분량보다 너무 많이 사용하는 것도 위험하지만, 반대로 많이 벌어 쌓아두기만 하는 것도 좋지 않습니다. 벌었으면 미래를 위한 투자나 재무개선, 주주환원에 사용하는 것. 이들의 균형이 잘 잡혀있으면 기업은 성장해 갑니다.

영업 현금흐름은 플러스이고, 그 범위 안에서 투자 현금흐름과 재무 현금흐름의 마이너스를 조달하는 형태(세 가지의 합계는 플러스), 이것이 균형 잡힌 현금흐름표입니다.

마지막으로, 맥도날드의 현금흐름표를 분석

그러면 이제, 이 장의 실천편으로 맥도날드의 현금흐름표(2016년 12월기 결산)를 분석해보고자 합니다.

3-32 균형 잡힌 현금흐름표

■ '벌다'와 '사용하다'의 균형이 중요

```
CS
```

| 영업활동으로 인한 현금흐름 |
| 법인세비용차감전 순이익 |
| 감가상각비 ⊕ |
| ⋮ |

→ 벌다
- 본업
- 본업 이외

| 투자활동으로 인한 현금흐름 |
| 유형고정자산취득 |
| 투자유가증권취득 ⊖ |
| ⋮ |

→ 벌다
- 미래투자
- 재무개선
- 주주환원

| 재무활동으로 인한 현금흐름 |
| 단기차입금 순증감액 |
| 장기차입금 상환 ⊖ |
| ⋮ |

| 현금 및 현금성자산의 증감액 |
| 기초 현금 및 현금성자산 ⊕ |
| 기말 현금 및 현금성자산 |

→ 합계는 플러스로

> 영업 CF의 플러스로 투자 CF와 재무 CF의 마이너스를
> 조달하는 형태가 균형 잡힌 현금흐름표이다

① 영업 현금흐름에서 충분히 버는가?

우선은 영업 현금흐름이 플러스인가를 확인합니다.
맥도날드의 영업 현금흐름은 197억 6,100만 엔이므로,

충분히 플러스네요.

다음으로는 이 금액이 충분한지 여부를 판단하기 위해 '현금흐름마진(영업 현금흐름÷매출액)'을 계산하면(맥도날드의 이 기간 매출액은 2,266억 4,600만 엔) 8.7%가 됩니다. 7%가 합격선이므로 충분히 벌어들이는 수준입니다.

② '미래를 위한 투자'를 충분히 하는가?

이어서 투자 현금흐름을 보겠습니다.

설비투자 순액은 '고정자산 취득에 따른 지출'과 '고정자산 매각에 따른 수입'의 차액을 보면 됩니다.

맥도날드의 경우, '유형고정자산 취득에 따른 지출(147억 1,500만 엔)'에서 '유형고정자산 매각에 따른 수입(10억 4,100만 엔)'을 빼면 136억 7,400만 엔이 나옵니다. 설비투자는 꽤 하는 셈입니다. 게다가 '소프트웨어 취득에 따른 지출(5억 5,100만 엔)'을 더하면 142억 2,500만 엔이 됩니다.

'감가상각비 및 상각비'는 91억 9,400만 엔, '감손손실'은 2억 8,600만 엔이므로 고정자산 취득과 매각간 차액 쪽이 50억 엔 가까이 많아, 이 기간에는 '미래를 위한 투자'를 적극적으로 행했다고 할 수 있겠지요(정확히 판단하려면, 여러 기에 걸쳐 분석해야만 합니다).

3-33 맥도날드의 현금흐름표 (2016년 12월기 결산)

(단위:백만엔)

	전기연결회계연도 2015년 1월 1일부터 2015년 12월 31일까지	당기연결회계연도 2016년 1월 1일부터 2016년 12월 31일까지
영업활동으로 인한 현금흐름		
법인세비용차감전순이익 또는 순손실(△)	△35,158	6,489
감가상각비 및 상각비	7,922	9,194
감손손실	3,542	286
점포폐쇄손실	927	–
조기퇴직제도관련비용	550	–
공급망계약정산손실	1,961	–
대손충당금 증감액(△는 감소)	3,131	△240
점포폐쇄손실충당금 증감액(△는 감소)	1,661	△1,681
기타 충당금 증감액(△는 감소)	△506	2,065
퇴직급여관련 부채 증감액(△는 감소)	238	△49
퇴직급여관련 자산 증감액(△는 증가)	△763	△554
수취이자	△108	△96
지급이자	190	241
고정자산처분손익(△는 이익)	89	28
고정자산제거손실	1,550	300
매출채권 증감액(△는 증가)	△3,109	△2,438
재고자산 증감액(△는 증가)	149	△136
프랜차이즈점포매입에 따른 영업권 증가액	△1,058	△143
장기이연영업채권 증감액(△는 증가)	△4,105	731
기타자산 증감액(△는 증가)	4,003	1,480
매입채무 증감액(△는 감소)	△242	541
미지급금 증감액(△는 감소)	5,190	127
미지급비용 증감액(△는 감소)	△364	419
기타부채 증감액(△는 감소)	△1,355	3,412
기타	227	135
소계	△15,913	20,111
이자 수령액	5	3
이자 지급액	△171	△236
점포폐쇄손실 지급액	△147	△57
조기퇴직제도관련비용 지급액	△530	△19
법인세등 지급액	△542	△79
법인세등 환급액	2,739	39
영업활동으로 인한 현금흐름	△14,560	△19,761
투자활동으로 인한 현금흐름		
유형고정자산 취득에 따른 지출	△11,690	△14,715
유형고정자산 매각에 따른 수입	502	1,041
보증금 차입에 따른 지출	△332	△585
보증금 회수에 따른 수입	3,132	4,458
소프트웨어 취득에 따른 지출	△4,075	△551
자산제거채무이행에 따른 지출	△807	△652
기타	17	△26
투자활동으로 인한 현금흐름	△13,252	△11,032
재무활동으로 인한 현금흐름		
단기차입금 순증감액(△는 감소)	5,000	△5,000
장기차입에 따른 수익	22,000	12,000
장기차입금 상환에 따른 지출	△1,875	△9,500
금융리스채무 상환에 따른 지출	△1,524	△1,424
배당금 지급액	△3,988	△3,988
재무활동으로 인한 현금흐름	19,611	△7,912
현금 및 현금성자산과 관련한 환산 차액	△38	40
현금 및 현금성자산의 증감액(△는 감소)	△8,239	856
기초 현금 및 현금성자산	28,628	20,388
기말 현금 및 현금성자산	20,388	21,244

'미래투자'는 적극적

영업 CF는 플러스를 확보

주주환원

최종 잔액은 플러스

한 기수 전인 2015년 12월기도 살펴봅시다. 유형고정자산 구매와 매각의 차액은 111억 8,800만 엔, 소프트웨어 투자가 40억 7,500만 엔 있습니다. 감가상각비 및 상각비와 감손손실의 합계액은 114억 6,400만 엔입니다. 투자 금액이 더 많으므로, 현재 사업을 유지하는 것 이상으로 투자를 하는 셈이지요.

187쪽의 칼럼을 상기해보십시오. 맥도날드는 닭고기 불량문제로 실적이 급격히 악화되어, 2015년 12월기에는 2기 연속 적자에 빠지기도 했습니다. 2015년 12월기에는 현 사업을 재정비하기에 급급했지만, 투자는 어느 정도 수준을 유지했습니다.

그러던 것이 2016년 12월기에 마침내 흑자로 전환되며, 미래를 위한 투자에 더 많은 자금을 돌릴 여유가 생기지 않았을까요. 다음 기 이후로도 계속 설비투자에 대한 적극적인 공세를 취한다면 실적은 더욱 회복될 것입니다. 맥도날드는 2017년 12월기 매출액이 전년동기대비 9% 증가한 2,460억 엔, 당기순이익은 2.7배인 145억 엔에 이를 것 같다는 예상실적을 5월 상순에 발표했습니다.*

---

* 실제 확정 실적은 2017년 12월기 매출액이 전년동기대비 12% 증가한 2,536억 엔, 당기순이익은 4배 이상인 255억 엔에 이르렀다.

③ '주주환원'은 얼마나 하는가?

잉여현금흐름을 '영업 현금흐름-투자 현금흐름'으로 계산하면 87억 2,900만 엔이 됩니다.

그런데 재무 현금흐름을 보면 '배당금 지급액'으로 39억 8,800만 엔 사용했습니다. 따라서 잉여현금흐름의 절반 이상의 금액을 주주환원에 사용했습니다.

④ 최종 잔액은 플러스인가?

최종적인 현금흐름은 8억 5,600만 엔 증가하여, '기말 현금 및 현금성자산'은 212억 4,400만 엔입니다. 이상의 내용에서, 맥도날드의 현금흐름표는 그런대로 균형 잡힌 모습이라고 생각합니다.

지금까지 재무상태표, 손익계산서, 현금흐름표를 사용하여, 경영지표를 설명하고 재무제표를 분석했습니다. 여러분도 자신의 회사나 관심 있는 회사의 재무제표를 사용하여 분석해보기 바랍니다.

경영지표를 공부할 때는 정의에 대한 정확한 이해와 함께, 기준치를 기억해 두는 것이 중요합니다만, 유동비율이나 자기자본비율 등 업종에 따라 차이가 큰 지표도 있습니다. 우선은 본인 회사의 재무제표를 기반으로, 다양한 회사들을 살펴보면 좋습니다.

제4장
[발전편]
한 단계 높은 수준의 경영지표를 배운다

– 이것을 알면 재무 전문가!

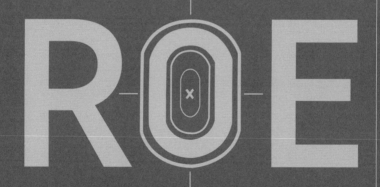

제1장이 '초급편', 제2장과 제3장이 '중급편'이라면 제4장은 바로 '상급편'입니다. 이 마지막 장에서는 다음의 세 가지 지표와 개념을 다루고자 합니다.

- 회사의 적정 가격을 계산하기 위한 'DCF'와 'EBITDA'
- ROE와 ROA 다음으로 주목받게 될 지표 'EVA'

완전히 이해하지 못해도 괜찮습니다. 이 장에서는 각 지표를 어떻게 사용하는지, 어떤 개념을 지니는지까지만 기억해주기 바랍니다.

기업의 가치를 측정하는 지표 ① : 'DCF법'

이토보고서(97쪽 참고)는 "ROE를 높임으로써 기업의 가치를 향상시킨다"를 주장합니다. 기업가치란 질적인 가치도 포함하지만, 재무적으로 명료하게 말하면 '기업의 가격'입니다.

그렇다면 이것은 어떻게 알 수 있을까요?

기업의 가격이라 하면, 일반적으로는 '주식의 시가총액'을 떠올립니다. 그리고 시가총액이란 '1주당 주가(시가)×발행된 주식수'입니다. 여기서 핵심은 그때그때의 주가에 주식수를 곱한다는 점입니다.

하지만 기업을 인수할 때, 상장기업이라 하더라도 반드시 이 '시가'에 사는 것은 아닙니다. 물론 시가총액은 기업가치의 기반이 되지만, 꼭 '공정'한 가격이라고는 말할 수 없는 경우가 있습니다. 상장주식을 예로 들면, 1억주 중 단 한 주만 거래되어도 모든 주식의 가격이 그 거래된 일부 주식의 가격에 따라 결정되어버리기 때문입니다.

그렇다면 어떻게 해야 기업의 가격을 객관적으로 고려할 수 있을까요. 대부분의 경우 '현금흐름할인법Discounted Cash Flow, DCF법'이란 방법을 사용합니다. 이것은 M&A 때에도 흔히 사용하는 개념입니다.

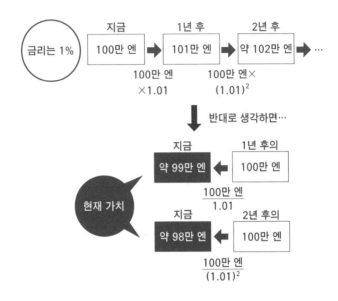

조금 복잡하니, 차근차근 읽어주세요.

우선 기업이 미래에 창출할 현금흐름을 매년 나누어 계산합니다. 그리고는 이것을 '**현재가치**'로 고칩니다. 이 부분이 가장 어려우므로 신중히 설명하겠습니다. 예를 들어 여기 100만 엔이 있다고 합시다. 이 100만 엔을 지금 받는 것과 1년 후에 받는 것 중 어느 쪽이 유리할까요?

정답은 '지금'입니다. 그러면 그 이유는 무엇일까요? 이것을 이해하면 이 항목은 대부분 이해한 것이나 다름 없습니다. 핵심은 '금리'입니다. 예를 들어 지금, 안전하고 확실하게 1%로 운용이 가능하다고 합시다. 세금은 설명이 복잡해지므로 계산에서 제외하면, 지금의 100만 엔이 1년 후에는 101만 엔이 됩니다. 이때 여러분은 다음과 같이 계산했을 것입니다.

100만 엔×1.01 = 101만 엔

이것은 1년 후의 100만 엔을 지금의 가치(현재가치)로 고치려면, 거꾸로 1.01로 나누어야 함을 보여주네요.

1년 후 100만 엔의 현재가치 = 100만 엔÷1.01 = 약 99만 엔

더욱 확실히 하기 위해 예제를 하나 더 들겠습니다. 1%로 운영할 수 있다면 2년 후의 300만 엔은 현재가치로 얼마가 될까요?

300만 엔÷1.01÷1.01 = 약 294만 엔

정리하면 다음과 같이 됩니다.

300만 엔 ÷ $(1.01)^2$ = 약 294만 엔

이것이 2년 후 300만 엔의 현재가치입니다.

이런 요령으로 기업의 가치를 계산할 때는, 먼저 미래에 창출할 현금흐름을 (1+금리)로 나눈 후 모두 더해줍니다. n년째 현금흐름을 cf(n)라 하면, [4-2]와 같이 됩니다.

4-2 '미래 현금흐름의 현재가치' 계산 방법

미래 현금흐름의 현재가치 = $\dfrac{cf_1}{(1+i)} + \dfrac{cf_2}{(1+i)^2} + \dfrac{cf_3}{(1+i)^3} + \cdots\cdots$

cf_n : n년째의 현금흐름

i : 금리

예 1년째 30억 엔, 2년째 40억 엔,
3년째 50억 엔의 현금흐름, 금리는 5%일 때,

미래 현금흐름의 현재가치 = $\dfrac{30억 엔}{(1+0.05)} + \dfrac{40억 엔}{(1+0.05)^2} + \dfrac{50억 엔}{(1+0.05)^3}$
= 약 108억 엔

이것을 어디까지 더하느냐는 경우에 따라 다릅니다. 기업을 사는 측인지 파는 측인지에 따라서도 달라집니다. 당연히 사는 측에서는 가능한 한 저렴하게 사고자하므로 기껏해야 5~10년 분량 정도, 다시 말해 미래의 현금흐름을 확실히 예상할 수 있는 기간만큼을 더합니다. 반면 파는 측에서는 비싸게 팔고자하므로, 그 이상의 연수를 더합니다. 간혹 영구적 가치를 계산하는 경우도 있습니다.

이것은 규칙으로 정해져 있는 것이 아니고, 서로 공개할 필요도 전혀 없습니다. 하지만 인수하려는 사람이나 매각하려는 사람이 '이 회사의 가격이 적정한가?'를 판별하기에 적당한 계산입니다. 금리는, 사는 측에서는 보통 앞서 설명한 WACC(기억하나요? 132쪽 참고)를 사용합니다. 파는 측은, 자사의 자금 조달비용을 사용할 필요는 없으므로 장기 국채금리를 사용하기도 하지만, 정해진 규칙은 없습니다.

또한 투자회사의 애널리스트 중에는 나름의 기준 연수로 DCF를 사용해 기업가치를 계산하고, 이와 비교해 현재 상장주식의 주가가 적정한지를 판단하는 사람들도 있습니다.

이처럼 미래 현금흐름의 현재가치를 계산했다면, 기업의 가격까지는 앞으로 한 걸음 남았습니다. 마지막으로는 다음과 같이 계산합니다.

기업의 가격 = 미래 현금흐름의 현재가치 - 순유이자부채

'**순유이자부채**'란 실질적인 유이자부채라고 생각하면 됩니다. 이를테면 차입금이나 회사채 등의 유이자부채가 80억 엔이 있고, 현금, 예금이나 단기로 운용하는 유가증권이 20억 엔이 있다고 하면, 60억 엔이 '실질적인 유이자부채=순유이자부채'가 됩니다.

기업을 인수하면 그 기업이 보유한 유이자부채도 인수자 측에서 떠맡으므로, 미래 현금흐름의 현재가치에서 그만큼을 차감하는 것이지요(유이자부채를 대신하여 매우 장기인 외상매입금 따위로 자금을 융통한 경우 등에도 그만큼 차감합니다).

기업의 가격은 인수하는 측과 매각하는 측 양쪽 모두 각각 계산합니다. 앞서 설명한 대로 인수하는 측은 낮은 가격에 사고자하고, 매각하는 측은 높은 가격에 팔고자하므로, 당연히 가격은 서로 맞지 않습니다. 이로부터 인

4-3 DCF법으로 기업의 가치를 측정한다

▍숫자는 [4-2]의 회사에서 '순유이자부채'가 60억 엔인 경우

❶ 기업이 미래 창출할 현금흐름을 계산

1년째	2년째	3년째
30억 엔 ➡	40억 엔 ➡	50억 엔

❷ ❶을 '현재가치'로 바꾼다

> 어디까지 더하는가는
> 입장마다 다르다
> (여기서는 3년째까지 계산)

$$\frac{30억 엔}{(1+0.05)} + \frac{40억 엔}{(1+0.05)} + \frac{50억 엔}{(1+0.05)} \cdots\cdots$$

= 약 108억 엔

❸ ❷에서 '순유이자부채'를 차감한다

순유이자부채=유이자부채에서 현금, 예금, 유가증권을 뺀 것

108억 엔	–	60억 엔	=	48억 엔
미래 현금흐름의 현재가치		순유이자부채		기업의 가격

> 기업의 가격은 인수하는 측, 매각하는 측이 각각
> 계산하여 이로부터 교섭을 시작한다.

수 교섭을 시작하는 것이지요. 예를 들면, 매각하는 측이 계산했더니 100억 엔인데, 인수하는 측이 계산하면 50억 엔밖에 안 되는 경우도 있습니다. 이로부터 교섭이 시작되어 이견을 좁히지 못한다면, 교섭은 결렬됩니다. 하지만 매각 측, 인수 측 모두 양보하여 "75억 엔이면 좋습니다"라고 한다면 매매는 성립됩니다(어시장에서의 경매와 같다고 생각하면 됩니다).

설명이 길어졌습니다만, 여기서 나온 **DCF법으로 산출한 기업의 가격**은 '미래에 창출할 현금흐름의 현재가치에서 실질적인 유이자부채를 차감한 것' 정도만 기억해주기 바랍니다.

기업의 가치를 측정하는 지표 ② : 'EBITDA 배율'

한편 투자펀드 등에서는 좀더 다른 방법으로 기업의 가격을 산출하기도 하는데, 바로 'EBITDA'라는 지표를 이용하는 방법입니다.

'EBITDA(이빗다 또는 이빗디에이라고 읽습니다)'는 많은 이들에게 생소한 단어라고 생각합니다만, 'Earning

Before Interest, Tax, Depreciation, Amortization'의 약자로 '이자, 세금, 감가상각비 차감 전 이익'입니다. 간단히 말하면 **'영업이익에 감가상각비를 다시 더한 값'**입니다(참고로 Depreciation은 유형고정자산의 감가상각비, Amortization은 무형고정자산의 감가상각비입니다).

앞서 설명한 DCF법을 이용하는 방식은 기업이 미래에 창출할 현금흐름에 주목한 것으로, M&A 등 미래를 겨냥한 투자에는 적합한 개념입니다. 하지만 미래의 현금흐름을 예측하기란 어렵고 계산도 복잡하여, 자의적으로 되기 쉽다는 문제점이 있습니다.

한편 EBITDA는 과거의 실제 숫자(영업이익+감가상각비)에 기반하므로, 자의성이 적고 계산도 비교적 간단하다는 장점이 있습니다.

이 EBITDA를 사용한 기업 가격의 계산식은 다음과 같습니다.

기업의 가격 = (EBITDA × x배) − 순유이자부채

순유이자부채를 차감하는 점은 DCF법과 동일하며, 'EBITDA × x배'를 '미래 현금흐름의 현재가치'로 바꿔

놓으면 완전히 같은 식이 됩니다. 즉 'EBITDA$\times x$배'는 '미래 현금흐름의 현재가치를 유추한 값'이라고 생각할 수 있습니다. 이때 EBITDA의 'x배'를 전문용어로는 'EBITDA 배율'이라고 부릅니다.

'x배'가 실제로 몇 배인지는 M&A 시장이 얼마나 활발하냐에 따라 달라집니다.

자금이 넘치는 분위기로 경기가 비교적 좋은 '판매자 시장'인 경우에는 배율이 높게 형성됩니다. 반대로 자금이 부족하거나 경기가 나쁜 경우에는 배율이 낮아집니다. 제 경험 시황에 크게 좌우되긴 합니다만, 5배라면 인수에 적극적인 것이고, 7~8배라면 적정한 수준입니다. 10배 이상이라면 꽤 많은 펀드가 망설일지도 모르겠습니다.

사업회사가 기업을 M&A할 때 DCF법을 사용하는 이유는 사업회사가 기업을 인수하면 스스로 피인수 기업을 운영하며 그 현금흐름이나 이익을 바꿀 수 있기 때문이라고 생각합니다. 한편 펀드가 M&A할 때는 주로 EBITDA를 기반(물론 DCF법에 따른 기업가치도 산정하겠지만)으로 합니다. 여기에는 펀드가 직접 기업을 경영하는 경우도 있지만 주체적으로 경영을 하지 않는 경우도 많아, 과거 실적인 EBITDA를 사용하는 편이 적절하다는 판단도 있으리라 생각합니다.

그러면 실제 기업의 사례를 살펴보겠습니다. 기린의 2016년 12월기 EBITDA는 2,193억 900만 엔입니다. 이것은 손익계산서에 기재된 '영업이익(1,418억 8,900만 엔)'에서 현금흐름표의 '영업활동으로 인한 현금흐름'에 있는 '감가상각비(774억 2,000만 엔)'을 더한 숫자입니다.

2016년 12월 말 시점의 기린 시가총액(=주가×발행주식수)은 약 1조 7,380억 엔, 순유이자부채는 5,896억 5,000만 엔입니다. 이를 앞의 식에 대입하면 다음이 됩니다.

기업 가격(시가총액) = (EBITDA×x배) − 순유이자부채

1조 7,380억 엔 = (2,193억 엔×x배) − 5,896억 엔

$$x = 10.6배$$

EBITDA=영업이익(손익계산서)에
감가상각비(현금흐름표)를 다시 더한 값

기업의 가격 = (EBITDA × x배) – 순유이자부채

―――――― EBITDA 배율 ――――――

기업의 가격을 시가총액(주가×발행주식수)이라 했을 때,

x배 숫자가 5배 정도이면 — 값이 쌈 = 인수 대상
10배 이상이면 — 값이 비쌈 = 인수 비대상
(단, M&A 시장이 얼마나 활발한가에 따라 달라짐)

다시 말해, 만약 시가총액으로 기업을 인수하려 한다면, EBITDA 배율은 10.6배가 됩니다. 시가총액으로 인수한다면 다소 비싼 것일 수도 있지만, 이는 시황에 달려 있습니다.

하지만 이것은 펀드 등에서 보는 재무적 관점입니다. 만약 '시너지(상승효과)'를 고려한 전략적 인수자가 있다면 더 비싼 가격에 인수할 의향도 있을 것입니다. 이런

경우라 전략적 인수자는 EBITDA 배율로 고려하는 것이 아니라, 앞서 설명한 DCF법으로 고려하겠지요. 자신의 회사와 합해진 경우 예상하는 미래 현금흐름을 전제로 기업의 가격을 고려하는 편이 더욱더 합리적이기 때문입니다.

기업의 가치를 올리려면 어떡해야 좋을까?

　지금까지 DCF법과 EBITDA배율의 개념을 설명했습니다.

　이 두 가지에는 어떤 결정적 차이가 있습니다. 앞서도 살짝 다루었습니다만 그 차이란, DCF법은 '미래의 숫자'를 예측하여 계산하는 방법, EBITDA는 '과거의 숫자'로 계산하는 방법이란 점입니다.

　이 점을 고려한다면, 자신이 직접 회사를 경영할 수 있는 사모펀드* 같은 곳이면, 미래의 숫자로 계산하는 DCF법을 사용해도 좋습니다. 스스로 사업을 인수하여 직접 경영할 수 있다면 노력에 따라 미래의 현금흐름을 얼마

---

* 특정기업의 주식을 대량 인수하여, 경영에 참여하는 방식으로 기업가치를 높인 후 주식을 되팔아 수익을 남기는 사모투자전문회사.

든지 바꿀 수(증가시킬 수) 있기 때문입니다.

하지만 비지배주주로서 직접 경영에 참여하지 않는 펀드라면, 미래의 현금흐름이 어떻게 될지를 통제하기란 어렵겠지요. 따라서 과거 실적을 사용하는 EBITDA 배율로 계산합니다.

다시 말해 자신들이 직접 경영에 참여하지 않는 펀드는 과거의 실적을 보고, 스스로가 경영에 참여하는 사업 투자자들은 미래의 숫자를 봅니다.

그렇다면 기업의 가치(가격)를 올리려면 어떡해야 좋을까요? 어렵게 생각할 필요는 없습니다. 방금 언급한 DCF법의 계산식에서도 알 수 있듯이 미래의 현금흐름을 늘리거나, EBITDA 식에서 현재의 이익을 늘리거나, 여기에 더해 어떤 경우이든 순유이자부채를 줄이면 됩니다. 이것이 기업의 가격을 높이는 길입니다.

제3장의 '잉여현금흐름' 설명(269쪽)에서 '벌다'와 '사용하다'라는 말을 했습니다. '벌다'란 영업이익이나 잉여 현금흐름을 버는 것이지만, 그 원천은 이익이기 때문에 동시에 EBITDA를 높이는 것으로 이어집니다. 한편 '사용하다'에 해당하는 '미래를 위한 투자'나 '재무개선'은 DCF법에서의 기업 가치를 높입니다. 어느 쪽이든 '벌다'와 '사용하다'를 적절히 사용했을 때 기업의 가치는

높아집니다.

ROE나 ROA 다음으로 주목받는 지표 : 'EVA'

제2장에서 ROE와 ROA에 관해 설명했습니다. 요즘은 ROE가 주목을 받지만, **앞으로 확실히 부각될 지표는 'EVA'**라고 나는 생각합니다.

이 책의 마지막은, 이 'EVA^Economic Value Added, 경제적 부가가치'에 대한 설명입니다. EVA는 미국의 스턴 스튜어트라는 회사가 기업실적을 평가하는 지표로 고안한 것입니다.

그렇다면 'EVA'란 어떤 지표일까요? '기업이 창출하는 경제적 가치를 측정하는 지표'로 일컬어진다는데, 도대체 어떻게 경제적 가치를 측정하는 것일까요?

우선 간단하게 WACC를 복습하겠습니다. [2-14]를 다시 한번 봐주세요. 오른쪽에 있는 부채의 조달비용은 '금리', 순자산의 조달비용은 '주주의 기대수익률(국채금리+α)'이었습니다. 이 둘의 조달비용을 가중평균한 값이 WACC입니다.

기업은 이보다 높은 'ROA(영업이익÷자산)'를 창출해야만 한다고 설명했습니다. WACC는 자산 전체에 드는 조달비용을 계산한 값인 반면, ROA는 자산 전체가 얼마큼의 이익(WACC와 비교하는 경우에는 영업이익)을 창출하는가를 보는 지표이기 때문에, 이 두 가지를 비교합니다. 양쪽 모두 '비율(%)'로 계산합니다.

그럼 이제 EVA를 설명하겠습니다. 식으로 표현하면 다음과 같습니다.

EVA = 세후영업이익 – 총자본조달비용

이해하기 좀 어렵지요. 하지만 EVA를 한마디로 말하면, 조달비용 이상의 이익을 내고 있는지를, '비율'이 아닌 '실제 금액'으로 보는 지표입니다.

지금까지는 '부채의 조달비용은 X%' '순자산의 조달비용은 Y%'처럼, '비율'로 설명했습니다만, 이것을 실제 금액으로 환산한 후 영업이익에서 차감한 값이 EVA입니다.

여기까지의 설명을 정리하면, [4-5]와 같이 됩니다. EVA가 0보다 크면 영업이익으로 자금 조달비용을 충당할 수 있음을, 0보다 작으면 충당할 수 없음을 의미합니다.

4-5 'EVA'의 개념

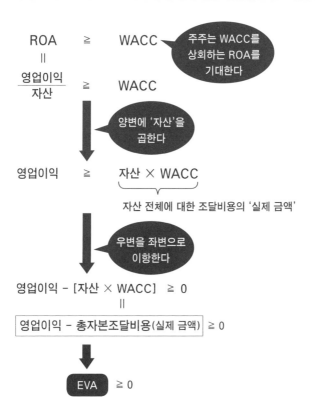

ROA ≧ WACC
주주는 WACC를 상회하는 ROA를 기대한다

‖

영업이익 / 자산 ≧ WACC

양변에 '자산'을 곱한다

영업이익 ≧ 자산 × WACC

자산 전체에 대한 조달비용의 '실제 금액'

우변을 좌변으로 이항한다

영업이익 − [자산 × WACC] ≧ 0

‖

영업이익 − 총자본조달비용(실제 금액) ≧ 0

EVA ≧ 0

계산식에도 있듯이, 정확하게는 '세후영업이익(=영업이익×[1-실효세율])'으로 계산합니다. [4-5]에서는 개념을 단순화하기 위해 영업이익을 사용했습니다만 개념은 동일합니다. 여러분은 개념까지 모두 이해해주기 바랍니다.

다시 말해, 'EVA≥0'은 'ROA는 WACC보다 높아야 한다'는 말과 같습니다. '비율(%)'로 표시한 경우에는 'ROA와 WACC'를 비교하고, '실제 금액'으로 표시한 경우에는 'EVA'가 0보다 큰지를 보라는 의미입니다.

어째서 EVA가 필요할까?

이처럼 EVA의 개념은, ROA와 WACC를 비교하는 개념과 거의 동일합니다. EVA가 '실제 금액'으로 생각하는 개념인데 반해, ROA와 WACC는 '비율'로 생각한다는 차이밖에 없습니다. 그렇다면 어째서 '실제 금액'이 중요할까요? 그것은 기업 규모에 따라 실제 금액이 크게 달라지기 때문입니다.

예를 들면 미쓰이물산과 제가 경영하는 직원 10명 정

도의 작은 컨설팅회사의 ROA 목표가 같다고 합시다. 그런데 실제 금액으로 환산하면 어떨까요? 미쓰이물산은 내 회사보다 사업규모가 월등히 크므로 EVA가 크게 다르겠지요. 그러니 여기서 비율로 생각하는 ROA와 WACC의 비교뿐 아니라 실제 금액으로 보는 EVA도 살펴봐야할 필요가 생깁니다.

또한 사업하는 측에서 보더라도 **EVA 쪽이 이해하기 쉬우면서 실감**납니다. "ROA 10%를 목표로 합시다"라는 말과 "100억 엔 이익을 냅시다"라는 말은 느낌이 다릅니다. 특히 부서별 목표를 정하는 경우에는 실제 금액을 목표로 잡는 쪽이 알기 쉽게 피부에 와 닿습니다.

이미 EVA나 그와 비슷한 개념을 도입한 기업도 있습니다. '들어가는 말'에서도 언급했습니다만, 파나소닉은 2015년 4월부터 사업부별로 '자본비용을 상회하는 이익을 올리는지 여부'를 목표로 정해, 이익률이나 자본효율의 향상을 도모하고 있습니다.

이것이 바로 EVA와 같은 개념입니다. 앞으로는 파나소닉처럼 사업부별로 EVA 목표를 정하는 기업이 늘어나지 않을까요. 이미 예전부터 EVA로 실적을 관리하는 기업도 적지 않습니다.

지금은 ROE가 주목받지만, 향후에는 ROA, EVA로도 더 많은 관심이 쏠리겠지요. ROE는 지금까지 설명한 대로 순자산(자기자본)에 대한 수익에 주목한 지표지만, 기업경영에서는 순자산뿐 아니라 자산 전체에 대한 수익도 고려해야 합니다. 자산 전체에 대한 고려는, 자연스레 순자산의 수익에 대한 고려로도 이어지기 때문입니다. 순자산만을 고려하는 것이 아니라 자산 전체의 수익을 고려하는 편이 건전함은 두말할 필요도 없습니다.

앞으로 신문이나 뉴스 등에서 ROA나 EVA와 같은 지표를 더 자주 보게 되리라 생각합니다. ROE를 높이려는 흐름이 가속화되면, 경영자로서도 ROA와 EVA를 중시하지 않을 수 없기 때문입니다.

경영지표는 '사람과 사회를 행복하게 하는 경영'을 실현하기 위한 도구

지금까지 재무제표의 기본적인 읽는 법을 시작으로, ROE와 ROA의 개념, 세 가지 재무제표를 사용한 기업의 '안정성' '수익성' '장래성' 분석법, 그리고 DCF법, EBITDA배율, EVA 등의 상급자를 위한 지표까지, 부장

이상의 지위를 염두에 둔 직장인이라면 최소한 알아야
할 경영지표와 회계지식을 설명했습니다.

이 책을 통해 마지막으로 여러분 모두에게 전하고자
하는 바는, 여기서 소개한 다양한 **'경영지표를 잘 관리하
는 것이 경영의 최종 목적이 아니다**'라는 점입니다. **어디
까지나 목표일 뿐입니다.**
제2장 마지막 부분에서도 언급했습니다만, 기업의 존
재의의는 어디까지나 다음의 두 가지를 실현하는 것에
있습니다.

① 상품이나 서비스를 제공함으로 고객을 행복하게
하고 사회에 공헌한다.
② 회사에서 일하는 직원들을 행복하게 한다.

경영지표란, 어디까지나 이 두 가지를 실현하기 위한
그리고 달성 정도를 측정하는 도구(수단)에 지나지 않습
니다.
'그렇다면 까다로운 회계나 경영지표 등을 특별히 배
우지 않아도, 고객과 직원에게 도움 되는 것만을 생각하
며 경영을 하거나 부서를 운영하면 되는 것 아닌가. 여기

까지 열심히 책을 읽은 의미는 뭐란 말인가!' 이렇게 생각할지도 모르겠습니다.

하지만 착각하지 말아주십시오. 저는 경영지표나 회계에 관한 지식은 어디까지나 도구라는 말을 하려는 것일 뿐, 그것이 필요 없다고 말하는 건 아닙니다.

회사 내에서 여러분의 지위가 올라가면 올라갈수록 이 책에서 설명한 경영지표의 중요성을 이해하게 되리라 생각합니다.

당신이 아무리 '사회(고객)나 직원(부하)을 행복하게 하는 경영 또는 업무를 해야지'라고 굳게 마음먹어도, 이런 '지표=목표'가 없으면 그 경영이 옳은 건지 알 수가 없습니다. 다른 회사와 비교할 수도 없습니다. 게다가 향후 기업의 코퍼레이트 거버넌스(기업지배구조, 99쪽 참고)가 강화된다면, 목표달성(목적달성이 아니라)은 지금보다 더 많이 요구될 것입니다.

그렇다고 해서 '지표=목표'의 달성에만 사로잡히면, 사회나 직원을 행복하게 하려는 경영의 자세에서 점점 멀어져버릴 우려가 있습니다. 예를 들어 단번에 구조조정을 하면 ROE는 간단히 높일 수 있습니다(109쪽 참고). 하지만 주주가 아무리 ROE를 높이라고 요구해도 어지

간한 경우가 아니라면 그런 일은 해서는 안 됩니다. 기업의 지속적 발전이 없으면, 주주 특히 장기보유 주주의 이익도 결과적으로 해를 입을 수 있습니다.

그렇다면 이런 지표를 뒤쫓을 뿐인 경영이나 숫자에 휘둘리기만 하는 경영이 되지 않으려면 어떻게 해야 좋을까요?

이를 위해서는 각각의 경영지표 계산식이나 정의와 같은 피상적인 지식이 아니라, 그것들이 의미하는 바까지 깊이 이해하고, 나아가 올바른 개념을 기반으로 한 '경영철학'을 연마할 필요가 있습니다.

이 책에서는 이 점을 의식해서, 아예 언급하는 경영지표의 수를 경영상 가장 중요한 것으로 좁히고, 그런 만큼 하나하나를 정성스레 설명했습니다.

이 책의 독자는 모두, **'경영지표에 휘둘리는 사람'**이 아니라 **'경영지표를 활용하는 사람'**이 되었으면 합니다. 그리고 경영지표를 사용하여 '사회와 직원을 행복하게 하는 경영'을 아무쪼록 실현해나가기 바랍니다.

ROE
분석

초판 인쇄 2021년 2월 25일
초판 발행 2021년 3월 11일

지은이 고미야 가즈요시
옮긴이 오연정
펴낸이 김승욱
편집 김승욱 심재헌
디자인 김선미
마케팅 백윤진 채진아
홍보 김희숙 김상만 함유지 김현지 이소정 이미희 박지원
제작 강신은 김동욱 임현식
펴낸곳 이콘출판(주)
출판등록 2003년 3월 12일 제406-2003-059호
주소 413-120 경기도 파주시 회동길 455-3
전자우편 book@econbook.com
전화 031-8071-8677
팩스 031-8071-8672

ISBN 979-11-89318-29-3   03320